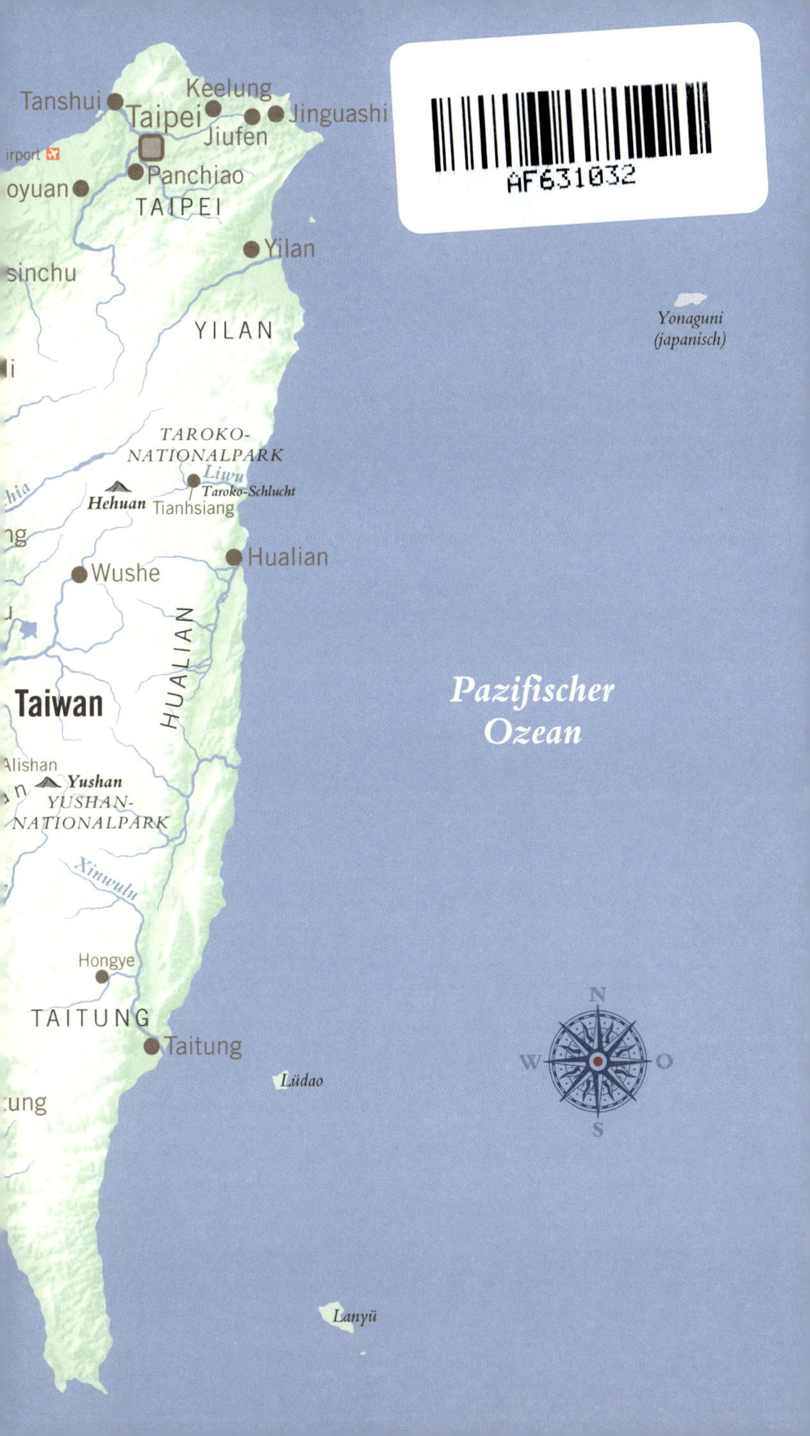
Tanshui
Keelung
Taipei
Jinguashi
Jiufen
Panchiao
TAIPEI
Yilan
YILAN
Yonaguni (japanisch)
TAROKO-NATIONALPARK
Liwu
Taroko-Schlucht
Hehuan
Tianhsiang
Hualian
Wushe
HUALIAN
Taiwan
Yushan
YUSHAN-NATIONALPARK
Xinwulu
Hongye
TAITUNG
Taitung
Lüdao
Pazifischer Ozean
N
W
O
S
Lanyü

Gebrauchsanweisung für Taiwan

Stephan Thome

Gebrauchsanweisung für Taiwan

PIPER

Mehr über unsere Autorinnen, Autoren und Bücher:
www.piper.de

Wenn Ihnen dieses Buch gefallen hat, schreiben Sie uns unter Nennung des Titels »Gebrauchsanweisung für Taiwan« an *empfehlungen@piper.de*, und wir empfehlen Ihnen gerne vergleichbare Bücher.

MIX
Papier | Fördert gute Waldnutzung
FSC® C083411
www.fsc.org

PRODUZIERT MIT VERANTWORTUNG

ISBN 978-3-492-27745-7
3. Auflage 2025

Für einen direkten Kontakt und Fragen zum Produkt
wenden Sie sich bitte an: *info@piper.de*
Redaktion: Tabea Kalb, München
Taiwan-Karte im Vorsatz und Taipei-Stadtplan im Nachsatz:
Peter Palm, Berlin
Satz: Fotosatz Amann, Memmingen
Gesetzt aus der Bembo und der Trade Gothic
Litho: Lorenz & Zeller, Inning am Ammersee
Druck und Bindung: CPI books GmbH, Leck
Printed in the EU

Für Jo-chiao (若喬)

Inhalt

Prolog am Schalter Nummer 20

Am 25. März 2020 morgens um kurz vor zehn beträgt meine Körpertemperatur 36,4 Grad. Das jedenfalls bescheinigt mir die uniformierte Person im Foyer des Verwaltungsamts von Songshan, einem Stadtviertel im Osten Taipeis, wo meine Freundin (36,2 Grad) und ich seit fünf Jahren wohnen. Wie in allen öffentlichen Gebäuden Taiwans gibt es auch hier strikte Eingangskontrollen. Wir müssen Gesichtsmasken tragen, uns die Temperatur messen und ein Desinfektionsmittel auf die Hände sprühen lassen, dann erst werden wir zum Empfangsschalter vorgelassen und nach dem Zweck unseres Besuchs gefragt. Den haben wir uns zum Glück gut überlegt. »Wir wollen heiraten.«

Die Dame am Schalter nickt: »Vierter Stock.« Ihre guten Wünsche für die Zukunft begleiten uns zum Aufzug.

Mit Gesichtsmaske zu heiraten ist nicht gerade der Inbegriff von Romantik. Heute allerdings steht mit der offiziellen Registrierung sowieso nur ein Verwaltungsakt an. Feiern wollen wir unsere Hochzeit erst im nächsten Jahr, in der

Hoffnung, dass die Pandemie dann auch in Deutschland vorbei und das Reisen wieder möglich sein wird. Hier in Taiwan hat man es glücklicherweise verstanden, die Krise durch entschiedenes Handeln im Keim zu ersticken. Einen Tag *bevor* im Januar der erste Infektionsfall bestätigt wurde, hat das nationale Krisenzentrum seine Arbeit aufgenommen. Die Verlängerung der Neujahrsferien, durch die landesweit alle Schulen für zwei weitere Wochen geschlossen blieben, trat in Kraft, als die Gesamtzahl der Infizierten auf zehn geklettert war. Dass zu diesem Zeitpunkt alle Fahrgäste in öffentlichen Verkehrsmitteln Gesichtsmasken trugen, versteht sich von selbst. Statt darüber zu diskutieren, ob Masken mit der Menschenwürde vereinbar sind, wurde ihre Produktion gesteigert und ein effizientes Verteilungssystem eingerichtet. So konnte innerhalb Taiwans zu keiner Zeit von einer Epidemie die Rede sein.

Einige präventive Maßnahmen habe ich selbst zu spüren bekommen: Bei meiner letzten Einreise aus Deutschland galt noch Reisewarnstufe II, was mir für zwei Wochen leichte Einschränkungen auferlegte, die als Empfehlungen formuliert waren: keine öffentlichen Verkehrsmittel benutzen, Menschenansammlungen meiden, nicht auswärts essen. Acht Tage später war die Lage in Europa derart außer Kontrolle, dass ich, den Regeln von Stufe III entsprechend, nicht mehr vor die Tür durfte. Zweimal am Tag wurde ich angerufen und nach meinem Befinden gefragt. Auf dem gelben Formblatt, das mir ein Mitarbeiter der Behörden persönlich an die Tür gebracht hatte, musste ich meinen Gesundheitszustand protokollieren, außerdem fand ich dort aufgelistet, welche Strafen ein Verstoß gegen Quarantäne-Auflagen nach sich ziehen würde, die nun keine Empfehlungen mehr waren. Auf Zuwiderhandlungen gegen § 58 des *Gesetzes zur Kontrolle übertragbarer Krankheiten* stand ein Bußgeld von umgerechnet drei- bis dreißigtausend Euro. Es waren strikte, aber transparente Maßnahmen, die der taiwanische Gesundheitsminister in seiner täglichen Pressekonferenz erklärte und deren Wirksamkeit schnell sichtbar wurde. Als sich die Fallzahlen in Deutschland der Zwanzigtausendermarke näherten, gab es in Taiwan gerade mal 169 Infizierte, größtenteils Rückkehrer aus dem Ausland. Um es vorwegzunehmen: Als im Herbst 2020 die Zahl der deutschen Corona-Toten auf über zwanzigtausend anstieg, waren es auf der Insel immer noch sieben(!).

Kaum in Zahlen ausdrücken lässt sich der gestärkte soziale Zusammenhalt. Zu Recht sind die Menschen stolz auf den Erfolg ihrer kollektiven Anstrengung und registrieren zufrieden, dass das in internationalen Medien anerkannt wird, wo das Land sonst nur vorkommt, wenn Erdbeben oder Taifune wüten oder das Regime in Peking wieder mal mit Krieg droht. Obwohl Letzteres seit einiger Zeit mit steigender Tendenz geschieht, haben die Menschen das Gefühl, im sichersten Land der Welt zu leben. Nachdem die jüngsten Präsidentschaftswahlen die Gräben innerhalb der Gesellschaft offengelegt haben, sorgt der erfolgreiche Kampf gegen Covid-19 – hier nach wie vor »die Lungenentzündung aus Wuhan« *(wuhan feiyan)* genannt – für ein neues positives Wir-Gefühl. Allenfalls Neuseeland könnte Taiwan den inoffiziellen Titel des Corona-Weltmeisters streitig machen. Weil die Regierung schnell und planvoll agiert und die Bevölkerung diszipliniert mitgezogen hat, mussten die Maßnahmen am Ende nicht annähernd so radikal ausfallen wie in Europa. Keineswegs wurde, wie gelegentlich zu lesen ist, die Gesundheit der Menschen auf Kosten ihrer Freiheit geschützt. Kein landesweiter Lockdown, weder Hotels noch Bars, noch Fitnessstudios mussten wegen des Virus dichtmachen, und die Spiele der Baseball-Profiliga fanden nach kurzer Unterbrechung wieder vor

Zuschauern statt. Der Hochzeitsreise rund um die Insel, die meine Frau und ich in zwei Tagen antreten wollen, steht nichts im Weg.

Vorher müssen wir unsere Ehe nur noch offiziell schließen.

Im vierten Stock empfängt uns ein neonbeleuchtetes Großraumbüro mit über zwanzig Schaltern. Der Andrang ist gering, im Wartebereich sitzen lediglich meine Schwiegermutter sowie mein Schwager mit seiner Frau und zwei Kindern. Die Begrüßung fällt kurz aus, denn kaum haben wir eine Nummer gezogen, werden wir auch schon aufgerufen. Schalter Nummer 20.

Feierlichkeit, große Gefühle, ein Bewusstsein der Zäsur im Leben, die eine Eheschließung bedeutet – all das stellt sich in der nächsten halben Stunde nicht ein. Zunächst präsentieren wir eine Reihe von Dokumenten, darunter mein ins Chinesische übersetztes, beglaubigtes und von der taiwanischen Vertretung in Deutschland legalisiertes Ehefähigkeitszeugnis. Volle elf Arbeitstage hat das Standesamt Biedenkopf gebraucht, um mir zu bescheinigen, dass ich in meiner Heimat nicht bereits verheiratet bin. Zwischendurch schicken meine Eltern übers Handy ein Foto der Sektflasche, die sie um drei Uhr nachts deutscher Zeit öffnen, um auf unser Glück anzustoßen, ansonsten ist der Vorgang an Nüchternheit kaum zu überbieten. Weder eine Rede noch Ringe sieht das Protokoll vor, wir werden nicht einmal expressis verbis zu Mann und Frau erklärt, geschweige denn gefragt, ob wir unsere Ehefähigkeit wirklich an genau dieser Person testen wollen. Kein Jawort, nur eine Reihe von Unterschriften.

Die einzige Verzögerung entsteht am Schluss: Soll ich die Eheurkunde mit meinem deutschen oder dem chinesischen Namen unterschreiben? Das Gesetz lässt beides zu, meine Frau zuckt mit den Schultern, auch die Standesbeamtin wirkt einen Augenblick lang ratlos. Schon klar, es ist bloß die letzte Formalität des Ganzen, und vielleicht zögere ich aus dem inneren Bedürfnis heraus, den Moment doch noch als Zäsur zu markieren und ihn mit den Weihen einer bewusst gefällten Entscheidung zu versehen.

»Was sagt denn Ihr Gefühl?«, fragt die Beamtin, um mir die Sache zu erleichtern.

Ausgesprochen viel, bin ich versucht zu antworten. Irgendwie kulminiert am heutigen Tag auch die Geschichte, die mich mit der Insel Taiwan verbindet. Zum ersten Mal besucht habe ich sie vor 24 Jahren, für ungefähr die Hälfte dieser Zeit war sie seitdem mein Hauptwohnsitz, aber warum bisher jeder Versuch, sie zu verlassen, in eine Rückkehr mündete, ist nicht so leicht zu sagen. Beim ersten Besuch vertraute mir ein betrunkener Amerikaner an: »Taiwan saugt dich auf wie ein schwarzes Loch, Mann, wenn du einmal hier bist ...«. Was man eben so redet in den Bars von Ostasien, diesen traditionellen Ballungszentren männlicher Einfalt. Eine Anziehungskraft der Art, für die unser Wort »exotisch« steht, besitzt die Insel zumindest auf den ersten Blick nicht. In taiwanischen Städten dominiert grauer Beton, und wer das Besondere entdecken will, braucht scharfe Augen und ein gutes Ohr. Zum Beispiel erklingen in der U-Bahn von Taipei alle Ansagen viersprachig, auf Chinesisch, Taiwanisch, Hakka und Englisch: ein erster Hinweis darauf, dass sich in Taiwan seit Langem Ethnien und Kulturen mischen, wobei die Einflüsse keineswegs auf den asiatisch-pazifischen Raum beschränkt geblieben sind.

Portugiesische Seefahrer tauften das dünn besiedelte Eiland im 16. Jahrhundert *Ilha Formosa,* die schöne Insel. Der Süden wurde im 17. Jahrhundert von Holland besetzt, der Norden von Spanien, im 19. Jahrhundert fühlten sich auch Frankreich und Preußen von den Reizen der Insel angezogen, vor allem von ihrer Lage im Kreuzungspunkt wichtiger Handelsrouten. Die aufkommende Regionalmacht Japan umwarb die Schöne mit rasselnden Säbeln. Erst dieses Interesse von außen veranlasste den Hof in Peking, den bisher kaum beachteten, von Menschenfressern und giftigen Schlangen bewohnten Flecken – als »Klumpen Dreck« schmähte ihn ein Kaiser – administrativ stärker zu integrieren. 1887 wurde Taiwan zur chinesischen Provinz aufgewertet, aber bereits acht Jahre später verlor das Kaiserreich einen Krieg gegen Japan, und für die kommenden fünfzig Jahre war Formosa, wie der Westen inzwischen sagte, eine japanische Kolonie. Wer heute gedankenlos behauptet, Taiwan habe »schon immer« zu China gehört, sollte einen zweiten Blick auf die Geschichte werfen.

Auf den Punkt gebracht, verlief sie so: Immer wollte irgendwer die Insel haben, nur nach den Wünschen der Bewohner fragte niemand. Als Japan 1945 den Pazifikkrieg verlor, wurde Taiwan aufs Neue ins Gefüge der chinesischen Nation eingegliedert. Offiziell hieß das »glorreiche Rückkehr« *(guangfu)*, aber da die Geschichte keinen Rückwärtsgang kennt, verblasste der Glorienschein des Slogans schnell. Aus dem Kaiserreich, zu dem die Insel einmal gehört hatte, war eine vom Krieg gegen Japan und von inneren Kämpfen aufgeriebene Republik geworden, die sich dem drohenden Zusammenbruch durch Flucht entzog. Geschlagen von den Kommunisten, floh Chinas militärischer Oberbefehlshaber Chiang Kai-shek mit seinem Heer nach Taiwan, knapp zwei Millionen demoralisierte Menschen, die voller Argwohn auf ihre vermeintlichen Landsleute schauten, die größtenteils nicht einmal Chinesisch verstanden. Während der Kommunist Mao Zedong 1949 in Peking die Volksrepublik China ausrief, begannen Generalissimus Chiang und seine Getreuen damit, alle Taiwaner gewaltsam zu Chinesen umzuerziehen. Heute heißt die Zeit, die bis zur Aufhebung des Kriegsrechts 1987 dauerte, Weißer Terror *(baise kongbu).*

Bis ins späte 20. Jahrhundert hinein handelt die taiwanische Geschichte vor allem von Leid und Unterdrückung. Inzwischen allerdings schauen viele Menschen in Ostasien bewundernd auf eine Nation, in der die Zivilgesellschaft gedeiht wie nirgendwo sonst in der Region: Seit 1996 demokratisch regiert, seit 2016 angeführt von einer unverheirateten Frau, seit 2019 das erste asiatische Land, das gleichgeschlechtlichen Paaren die Ehe erlaubt. Leider ist diese Erfolgsgeschichte dem großen Nachbarn China ein Dorn im Auge, und nach den jüngsten Ereignissen in Hongkong stellt sich die bange Frage, ob die Zerstörung der taiwanischen Demokratie als Nächstes auf Pekings To-do-Liste steht. Am entsprechenden Willen des Regimes ist kaum zu zweifeln; ob es seinen Willen bekommt, wird von vielen Faktoren abhängen, nicht zuletzt vom Agieren der viel beschworenen westlichen Staatengemeinschaft, falls es die gegenwärtig noch gibt. Welches Schicksal Taiwan im 21. Jahrhundert ereilen wird, ist zwar von größter weltpolitischer Relevanz, aber einstweilen völlig ungewiss.

Wie leben die Menschen mit dieser Ungewissheit, und wie leben sie überhaupt? Woran glauben und worauf hoffen sie? Warum sind sie so begeistert vom Baseballspiel? Woher kommen die weltberühmten Taiwanese Beef Noodles, und wie schmeckt der berüchtigte Stinktofu? Solchen und anderen Fragen werde ich auf den folgenden Seiten nachgehen, ohne jedes Mal den kürzesten Weg zur Antwort einzuschlagen. Die schöne Insel im Pazifik hat die Form einer Süßkartoffel – worauf im Volksmund oft angespielt wird – und nicht nur eine Geschichte voller abrupter Wendungen, sondern auch über zweihundert Gipfel von mehr als dreitausend Metern Höhe. Wer dieses anspruchsvolle Terrain erkunden will, muss manchen Umweg in Kauf nehmen.

Die letzte Unterschrift leiste ich schließlich mit meinem deutschen Namen. In einem anderen Land und Kulturkreis zu leben verändert einen in vielerlei Hinsicht, aber nicht in jeder. Den verschiedenen Anteilen der eigenen Identität gerecht zu werden verlangt einen ähnlichen – ebenso bewusst wie beiläufig ausgeführten – Balanceakt wie die Ehe. Unabdingbar ist ein waches Gespür, nicht nur für die andere Person, mit der man sein Leben teilt, sondern auch für jene anderen, die in den tieferen Schichten des eigenen Ichs wohnen. Taiwanerinnen und Taiwaner, die im Verlauf ihrer Geschichte schon vieles gewesen sind, wissen nur zu gut, dass ungemischte Identitäten eine ideologische Abstraktion darstellen. Eine gleichmacherische Zumutung, gegen die es sich mit Entschiedenheit und Humor zu wehren gilt.

»Was sind Taiwaner?«, lautet eine beliebte Scherzfrage.

Antwort: »Taiwaner sind Chinesisch sprechende Japaner.«

Witzig und nicht ganz unwahr, wie Sie bei der Lektüre dieses Buches feststellen werden.

Nun bin ich also verheiratet und habe auch offiziell so etwas wie eine zweite Heimat. Grund genug, deren Geschichte in den nächsten Kapiteln noch einmal etwas gründlicher aufzuarbeiten. Schließlich kenne ich Taiwan lange genug, um bei einigen historischen Wendungen selbst dabei gewesen zu sein.

Ankunft: Das andere, das bessere oder gar kein China?

Wir schreiben das Frühjahr 1996, wenige Monate trennen mich von meinem 24. Geburtstag. Seit dem vorigen Herbst bin ich als Sprachstudent an der Universität Nanjing in China eingeschrieben, einer Stadt am Unterlauf des Yangzi mit drückend heißen Sommern, nasskalten Wintern und rund einer Million Baustellen. Das winzige Doppelzimmer, das ich mir mit einem japanischen Kommilitonen teile, hat weder Heizung noch Klimaanlage, nur undichte Fenster, durch die der Staub hereindringt, der die Stadt das ganze Jahr über in ein seltsames Zwielicht taucht. Auch wenn die Sonne scheint, sieht man sie nicht. Im ersten Semester bin ich jeden Vormittag zum Unterricht gegangen und habe danach neue Schriftzeichen gepaukt, oft bis spät in die Nacht. Das zweite Semester schwänze ich, um auf Reisen zu gehen. Im März war ich im äußersten Südwesten, an der Grenze zu Myanmar, im Sommer will ich nach Sichuan und Tibet reisen, um von Kathmandu aus nach Hause zu fliegen, aber jetzt im Frühjahr mache ich mich auf den Weg nach Taiwan. Ein

Freund aus Berlin wohnt dort, genau wie ich für ein Jahr als Student. Wir kommunizieren per Brief, denn das World Wide Web steckt in den Kinderschuhen, in China wurde es noch nicht geboren. Handys sind so groß wie ein Föhn und haben eine Antenne. Da es zwischen China und Taiwan keine Direktflüge gibt, muss ich über die Kronkolonie Hongkong reisen und den Flug nach Taipei dort buchen.

Über mein Reiseziel weiß ich fast nichts, im Kopf nenne ich es »das andere China«. Seines rasanten wirtschaftlichen Aufschwungs wegen wird es zu den vier asiatischen Tigerstaaten gezählt, neben Singapur, Südkorea und Hongkong, und im März wurde zum ersten Mal der Präsident frei gewählt. Da ich in Nanjing vom internationalen Nachrichtenfluss abgeschnitten bin (kein Fernseher, keine ausländische Zeitung), habe ich bloß beiläufig mitgekriegt, dass Peking mit dieser Entwicklung nicht einverstanden ist, obwohl die Taiwaner lediglich den bisherigen Präsidenten Lee Teng-hui von der Nationalpartei Kuomintang (KMT) im Amt bestätigt haben. Die KMT, sage ich mir, ist eben der historische Erzfeind der Kommunistischen Partei, der Gegner in einem zwar fünfzig Jahre zurückliegenden, aber nie offiziell beendeten Bürgerkrieg. Also hat die Volksrepublik Manöver in der Taiwanstraße abgehalten und sogar Raketen in taiwanische Gewässer gefeuert, gleichsam Schüsse vor den Bug der Insel. Klingt nach Säbelrasseln, für mich in diesem Moment nicht wichtig.

Die vielen Gesichter Chinas

Hongkong ist ein Schock. So modern und glitzernd und dennoch unverkennbar asiatisch. An den überfüllten U-Bahnhöfen stehen die Passagiere schon in Reih und Glied, bevor der Zug kommt. Trotz der Enge läuft alles wie am Schnürchen, die Stadt ist international und schick, wahrscheinlich sehe ich innerhalb von zehn Minuten mehr Männer mit Krawatte als in China in einem halben Jahr. Überall begegne ich Menschen, die sich weigern, meinen vorgefassten europäischen Kategorien zu entsprechen. Es ist ein merkwürdiger Gedanke, in einer *Kolonie* zu sein. Was für ein Anachronismus! Tatsächlich sind die Tage der britischen Herrschaft gezählt, Hongkongs Rückgabe an China ist beschlossene Sache. Später mache ich mit der Fähre einen Ausflug nach Macau, wo Straßen und Gebäude portugiesische Namen tragen und ich nicht mehr weiß, in welchem Sinne ich mich noch in China befinde.

Nach vier Tagen steige ich ins Flugzeug nach Taipei.

Ankunft am Chiang Kai-shek International Airport.

Im Rückblick scheint es mir ein passendes Symbol zu sein: Die junge Demokratie, deren wichtigster Flughafen weiterhin dem Diktator gewidmet ist, der die Insel jahrzehntelang mit eiserner Hand regiert hat. Bei meiner Ankunft ist es bereits spät, und ich bin froh, dass mein Freund Knut in der Ankunftshalle auf mich wartet; ob mein Brief aus Hongkong angekommen war, hatte ich nicht wissen können. Die Fahrt in die Stadt dauert fast eine Stunde, erst mit dem Bus zum Hauptbahnhof, dann mit dem Taxi in die Shida Lu, eine Straße, die ich anderthalb Jahre später täglich entlanglaufen werde, um zum Sprachunterricht an der Uni zu kommen. Erste Eindrücke: Es gibt so viele Motorroller wie in China Fahrräder, die Fassaden der Geschäfte sind bunter und heller, außerdem kann ich noch weniger Schriftzeichen lesen als in Nanjing. In Taiwan benutzt man sogenannte Langzeichen, also Schriftzeichen in ihrer traditionellen Form, nicht die Kurzzeichen, die die Kommunistische Partei eingeführt hat, um den Analphabetismus zu bekämpfen.

Den ersten Abend verbringen wir in einer Schwulenbar namens *The Source.* Keiner von uns beiden ist schwul, aber erstens ist es eine coole Bar, und zweitens tut es gut, in einer Stadt zu sein, wo es so etwas gibt. Taiwan, das spüre ich, ohne den Eindruck in Worte fassen zu können, ist anders als die Volksrepublik. Es herrscht ein anderes soziales Klima, ein anderer Vibe, man sieht kaum Uniformierte und überhaupt keine Propagandaslogans. Auf der Straße begegnen mir zwar neugierige Blicke, aber niemand starrt mich an oder ruft mir »Hello, hello« hinterher, wie es drüben allenthalben geschieht. In Geschäften und Restaurants schallt mir stattdessen ein freundliches *Huanying guanglin* entgegen, was ich zuerst nicht verstehe, weil ich es nie gehört habe. Wörtlich heißt es »Gegrüßt sei die Annäherung Ihres Glanzes«, aber es ist bloß eine gängige Grußformel, und seit ich einige Jahre später in Tokio das allgegenwärtige *Irasshai-mase* gehört habe, weiß ich auch, woher die Sitte kommt (wie ich in Japan überhaupt oft denken werde: Das kenne ich doch aus Taiwan!). Knut wohnt in einem kleinen Zimmer nahe der Uni, nicht wie ich in einem Wohnheim nur für Ausländer, wo einheimische Bekannte ihren Ausweis vorzeigen müssen, wenn sie zu Besuch kommen. Vom ersten Tag an fühle ich mich in Taipei wohltuend unbeobachtet. Frei.

Zwei Erzählungen von Taiwans Geschichte

In den kommenden Tagen erkunde ich die Stadt, die an manchen Tagen im Smog verschwindet, so wie Nanjing im Staub der Baustellen. Nach einigen Stunden im Freien bilden sich schwarze Ränder um die Nasenlöcher, und ich habe einen metallischen Geschmack im Mund. In den Hügeln am Stadtrand besuche ich das Palastmuseum und bewundere die

Kunstschätze, die ich im Winter beim Besuch der Verbotenen Stadt in Peking vermisst habe – tonnenweise hat die KMT sie vor ihrer Flucht vom Festland nach Taiwan gebracht. Jade und Porzellan, Kalligrafien und Gemälde, Opfergefäße und alte Münzen. Es sind Kostbarkeiten, die lange Zeit den Anspruch untermauern sollten, die Republik China auf Taiwan sei das bessere und wahre China, der Hüter einer jahrtausendealten Kultur, die auf dem Festland verkam, wenn sie nicht gar aktiv zerstört wurde. Inzwischen ist die chinesische Kulturrevolution (1966–1976) mit ihren Exzessen zwar vorbei, aber die Anzahl der Tempel, die ich auf meinen Spaziergängen passiere, ist hier um ein Vielfaches höher als in chinesischen Städten. Immer wieder weht mich der Duft von Räucherstäbchen an, höre ich Gongs und buddhistische Sprechgesänge, in fast allen Geschäften steht ein rot leuchtender Hausaltar. In gewisser Weise, denke ich, ist Taiwan sogar chinesischer als die Volksrepublik.

Mitten im Stadtzentrum steht das Memorial für den Generalissimus Chiang Kai-shek. Ein riesiger freier Platz, flankiert von der Nationalen Konzerthalle auf der einen und dem Nationaltheater auf der anderen Seite. Mit ihren säulengestützten Fassaden und geschwungenen Dächern sind sie kaum voneinander zu unterscheiden. Am Kopfende erhebt sich eine protzige Pagode aus weißem Marmor mit blauem Dach, den Farben der KMT. Dutzende Stufen führen hinauf in die Haupthalle, und dort sitzt er, in Bronze gegossen, mehrere Meter groß und unwillentlich an den despektierlichen Spitznamen erinnernd, den der amerikanische General Stilwell ihm verpasst hat, sein verhasster Stabschef während des Kriegs gegen Japan: »Peanut«. Der kahle Kopf ähnelt tatsächlich einer Erdnuss, und statt richtungsweisend die Hand zu heben wie Mao Zedong auf fast allen Statuen, die es von ihm gibt, sitzt Chiang Kai-shek mit angelegten Armen auf einem

Sessel und wirkt wie ein gütiger Landesvater, der würdige Nachfolger seines Förderers Sun Yat-sen. In der Erzählung der KMT war Chiang der Garant des Überlebens der chinesischen Republik, ein kluger Stratege in Kriegszeiten und später der Initiator des taiwanischen Wirtschaftswunders. Westliche Beobachter zeichnen meist ein anderes Bild. In Barbara Tuchmans allerdings einseitigem Buch *Stilwell and the American Experience in China* gibt Chiang Kai-shek das Musterbeispiel des orientalischen Despoten ab, paranoid, selbstherrlich und realitätsblind. In seiner Jugend war er bekanntlich in die dunklen Geschäfte der Shanghaier Unterwelt verstrickt, aber der Ausstellung im Inneren der Pagode zufolge bestand sein Leben aus nichts als Triumphen – was die Frage heraufbeschwört, weshalb sein Memorial in Taipei steht und nicht in Nanjing, der verfassungsmäßigen Hauptstadt der Republik China (übrigens bis heute), wo Sun Yat-sen begraben liegt. Das demütigende Kapitel der Flucht auf die kleine Insel wird einfach übergangen.

Das auf den ersten Blick so sichere, wie in Stein gemeißelte Selbstbild der KMT hat am Ende des 20. Jahrhunderts längst Risse bekommen. Jahrzehntelang war der Bevölkerung auf der Insel eingetrichtert worden, der Rückzug nach Taiwan sei strategischer Natur und diene der Vorbereitung der kurz bevorstehenden »Rückeroberung des Festlands«. In den Fünfziger- und Sechzigerjahren stand dieser Slogan auf unzähligen Hauswänden und in jedem Schulbuch, aber glaubwürdig war er schon damals nicht, und mit dem Tod Chiang Kai-sheks verschwand er aus dem Straßenbild wie aus der offiziellen Rhetorik. Danach klammerte sich die KMT an die Gewissheit, das bessere China zu sein, dessen Erbe es zu bewahren galt – ein bereits eher konservatives als visionäres Selbstbild, an dem der wirtschaftliche Aufstieg der Volksrepublik bald zu nagen begann. Außerdem hat in den letzten zwei Jahrzehnten hier in Taiwan eine andere Erzählung Gestalt angenommen, erst im politischen Untergrund, aber mit der fortschreitenden Öffnung der Gesellschaft tritt auch sie offener hervor. 1996 stellt die KMT zwar noch den Präsidenten, sogar demokratisch legitimiert, aber der Bürgermeister von Taipei gehört der oppositionellen DPP (Democratic Progressive Party) an. Als ich vom Memorial zum Präsidentenpalast gehe, kann ich erste Spuren des sich vollziehenden Umschwungs besichtigen. Der Palast stammt aus der Kolonialzeit und war früher der Sitz des japanischen Generalgouverneurs, das Straßenstück davor wurde nach dem Abzug der Japaner umbenannt in »Lang-lebe-Chiang-Kai-shek-Straße«. Auf Chinesisch umfasst dieses Wortungetüm nur drei Zeichen, aber im März 1996 kam die nächste Umbenennung, und seitdem hat der Name sechs Zeichen und lautet Ketagalan-Boulevard. Das klingt überhaupt nicht chinesisch, denn der Name bezeichnet einen Ureinwohnerstamm, der lange vor den chinesischen Siedlern die Ebene bewohnt hat, in der das heutige Taipei liegt. Man muss das als politische Botschaft verstehen, beinahe als Kampfansage: Es gibt etwas, das auf dieser Insel tiefere Wurzeln hat und deshalb länger leben wird als die Erinnerung an einen chinesischen Diktator.

Es ist ein tolles Stück historisch und politisch aufgeladener Architektur: Am einen Ende des Boulevards der von den Japanern erbaute Präsidentenpalast, am anderen die Parteizentrale der KMT, ein unansehnlicher Zweckbau mit zwei vorstehenden Mauern, die den Hof einfassen und wie steinerne Greifarme auf den Palast gerichtet sind – unverfrorener kann man seinen Machtanspruch nicht symbolisieren. Dank des widerspenstigen Bürgermeisters führt der Weg vom Partei- zum Machtzentrum allerdings über eine Straße, die denen gewidmet ist, die schon vor den Chinesen hier waren, und verweist auf die Möglichkeit eines anderen, nicht chinesischen Taiwan. Dass Bürgermeister Chen Shui-bian vier Jahre später selbst in den Präsidentenpalast einziehen wird, davon träumen KMT-Kader im Frühjahr 1996 auch in ihren wildesten Albträumen nicht.

»Hitlers größter Fehler«

Eine Woche verbringe ich in Taipei, bevor ich zurück nach Hongkong fliege. Der Eindruck, den ich mitnehme, ist so tief, dass ich bereits kurz nach der Rückkehr nach Deutschland einen Antrag beim DAAD stelle: zwölf Monate Sprachstudium am Mandarin Training Center der Pädagogischen Hochschule Taiwans. Der Antrag wird bewilligt, und im Spätsommer 1997 bin ich wieder in der Stadt. An der Xinhai Lu – der Straße der Revolution von 1911 – beziehe ich ein kleines Häuschen auf dem Dach eines Hochhauses. Solche meist illegal errichteten Wohneinheiten sind in Taipei keine Seltenheit. Jeden Abend schaue ich von dort auf den rötlichen Nebel über der Stadt und wüsste keinen Ort, an dem ich lieber wäre. Bald habe ich eine amerikanische Freundin und einen internationalen, hauptsächlich aus anderen Sprachstudenten bestehenden Bekanntenkreis. In Nanjing gab es nur wenige Möglichkeiten, abends auszugehen, jetzt ist das Angebot größer. *Fortyfive, Roxy Plus, Spin* und *Brown Sugar* heißen beliebte Treffpunkte, außerdem gibt es in diesen Jahren vor Taiwans WTO-Beitritt, als geistiges Eigentum noch allen gehört, sogenannte »MTVs«: Videotheken mit eigenen Vorführräumen, wo man sich einen Film aussucht und eine der winzigen Kabinen zugewiesen bekommt, die mit dünnen Holzwänden voneinander getrennt sind, sodass man außer dem eigenen Film auch mitbekommt, was nebenan geschaut wird – oder was das studentische Publikum sonst tut, wozu in den Vier- und Sechsbettzimmern der Wohnheime keine Gelegenheit besteht.

Das politische Leben Taiwans verfolge ich in diesem Jahr nicht besonders aufmerksam, dafür entwickle ich allmählich ein Ohr für die verschiedenen Dialekte und Zungenschläge, die mir auf der Straße auffallen. Taipei ist das politische und wirtschaftliche Zentrum der Insel und die »chinesischste« Stadt Taiwans, viele Bewohner sind erst während des Bürgerkriegs hierher geflohen. Taiwanisch – bzw. Minnanhua, den Dialekt, der auch in einigen Küstenregionen des Festlands gesprochen wird – hört man relativ selten, dafür wird die Bandbreite an Dialekten umso größer, je älter die Menschen sind. Am größten scheint sie bei den Veteranen zu sein, die vor Teestuben und Nudelküchen sitzen und augenscheinlich nichts zu tun haben. Viele von ihnen sind in jungen Jahren mit nichts als ihrer Kleidung am Leib nach Taiwan gekommen, abgeschnitten von den Familien, die auf dem Festland zurückblieben. Jahrzehntelang gab es nicht einmal Post- oder Telefonverbindungen, das Reiseverbot wurde erst 1987 aufgehoben. Nicht wenige dieser Männer haben sich als Teenager von Eltern und Geschwistern verabschiedet und sie, wenn überhaupt, als Ruheständler wiedergesehen.

Einmal, als ich in einer kleinen Nudelküche *Guotie* esse – gefüllte gebratene Teigtaschen –, setzt sich ein weißhaariger Mann zu mir und fragt ohne Umschweife, woher ich komme. Sein Tonfall klingt, als hätte ich mich in sein Haus geschlichen und müsste ihm nun Rede und Antwort stehen. Zur dunklen Hose trägt er ein verwaschenes weißes Unterhemd, den Akzent verstehe ich nur, weil ich während des Studiums in China ein kurzes Praktikum in Peking absolviert habe; jedes zweite Wort endet in einem gutturalen Laut, der einem breit gerollten texanischen r ähnelt. Meine Antwort nimmt er nickend zur Kenntnis, dann hebt er den Zeigefinger und sagt, was er einem jungen Deutschen offenbar schon immer mal sagen wollte: »Weißt du, was Hitlers größter Fehler war?«

Ich hätte eine Antwort, bin aber gespannt auf seine. »Nein, keine Ahnung.«

»Dass er sich mit England eingelassen hat. Das hat ihm das Genick gebrochen. Mit diesem Churchill ist nicht zu spaßen.«

Über Hitler lerne ich in den folgenden Minuten nichts Neues, beginne aber zu ahnen, welche geistige Welt meinen Gesprächspartner fünfzig Jahre nach Kriegsende noch immer gefangen hält. Sein Auftreten legt nahe, dass er zur Schicht der Herrschenden gehört, aber die Kleidung verrät seinen tatsächlichen Status. An manchen Orten der Stadt gibt es regelrechte Slums, wo alte Armeeangehörige in Blechhütten und Verschlägen leben; Entwurzelte, die in Taiwan nie Fuß gefasst haben und die jetzt, da sich der politische Wind zu drehen beginnt, vollends den Boden unter den Füßen verlieren. Alles, was ihnen bleibt, ist die Erinnerung an eine untergegangene Welt, die ihnen zwar übel mitgespielt hat, die sie aber immerhin zu verstehen glaubten.

Einer meiner Sprachlehrer an der Uni gehört ebenfalls zu dieser Generation. Herr Hsu wurde als junger Mann zum Kriegsdienst gezwungen und kam nach dem Krieg allein nach Taiwan. Lange Zeit hat er sich mit Jobs über Wasser gehalten, die keinen Anspruch auf eine Rente begründeten, also muss er mit über siebzig Jahren noch jeden Tag mit dem Bus von Keelung nach Taipei fahren, was eine Stunde dauert, und uns Ausländern Chinesisch beibringen. Manchmal löst sich sein Blick vom Lehrbuch, und er beginnt übergangslos von früher zu sprechen. Der Shandong-Dialekt, den er sonst didaktisch sinnvoll zu unterdrücken versucht, wird immer stärker, bis wir Studierende nur noch Bruchstücke verstehen. Niemand wagt es, ihn zu unterbrechen, alle warten auf den erlösenden Gong. Dann kehrt Herr Hsu in die Gegenwart zurück, nickt ein paarmal vor sich hin und sagt: »So viel für heute. Bis morgen.«

Irgendwann ist auch dieses Jahr vorbei, und ich fliege zurück nach Deutschland, um in Berlin mein Studium abzuschließen. Nach dem Magister folgt ein einjähriger Aufenthalt in Tokio, der mich oft an die Zeit in Taiwan erinnert. Viele Kommilitonen an der Waseda Universität kommen von dort und finden es interessant, in Japan auf einen Deutschen zu stoßen, mit dem sie Chinesisch sprechen können. Je besser ich das Land kennenlerne, desto mehr Gemeinsamkeiten mit Japans früherer Kolonie fallen mir auf. Abends sitze ich in meiner kleinen Wohnung in Shinjuku und schaue Baseball im Fernsehen; ein Sport, in den Japaner und Taiwaner gleichermaßen vernarrt sind und den ich zwar nicht verstehe, aber auf den wenigen Kanälen meines Geräts kommt oft nichts anderes. Dass Baseball eins der wichtigsten Geschenke der Kolonialzeit ist, anhand dessen man die gesamte Mentalitätsgeschichte Taiwans im 20. Jahrhundert erzählen kann, weiß ich zu dem Zeitpunkt noch nicht.

Auf das Jahr in Tokio folgt die Promotion in Berlin. Kurz nachdem ich im Sommer 2004 auch die abgeschlossen habe, besuche ich, wie es sich für einen frischgebackenen Doktor der Philosophie gehört, zum ersten Mal ein Jobcenter – so heißen die Arbeitsämter inzwischen. Ein Antrag auf Hartz IV war in meinem Lebensentwurf zwar nicht vorgesehen, aber man soll ja flexibel sein. Gewöhnt an schwer zu vermittelnde Fälle, fragt die Beraterin als Erstes: »Wie sieht's denn aus, haben wir zumindest eine abgeschlossene Schulausbildung?«

Da muss ich kurz schlucken. »Ich schon«, murmle ich schließlich verstimmt.

Schlagartig wird mir klar, dass ich in Deutschland vorerst keine Zukunft habe und erneut die Koffer packen muss. Wohin diesmal? Der letzte Aufenthalt in Taiwan liegt sechs Jahre zurück, trotzdem ist es eine naheliegende Wahl. Ich verfüge über (bescheidene) akademische Kontakte und weiß, dass Fragen der Interkulturalität, die mich als Philosoph interessieren, an taiwanischen Universitäten zum Mainstream gehören, anders als in Deutschland. Also los!

Die wilden Jahre der taiwanischen Demokratie

Anfang 2005 bin ich zurück in Taipei und staune über die Veränderungen. Dank eines neuen U-Bahn-Systems ist die Luft deutlich besser als früher, außerdem gibt es ein neues Wahrzeichen, das nach der Anzahl seiner Stockwerke benannte 101-Hochhaus im Osten der Stadt. Drum herum wurde ein ganzes Stadtviertel aus dem Boden gestampft, mit Shoppingmalls und glitzernden Fassaden, so als wollte Taipei mit dem rastlosen Wandel auf dem chinesischen Festland konkurrieren. Politisch allerdings entwickeln sich die Dinge in eine ganz eigene Richtung. Zum ersten Mal hat Taiwan einen Präsidenten, der nicht der KMT angehört. Chen Shuibian, der ehemalige Bürgermeister von Taipei, ist seit seiner Wahl darum bemüht, dem Land eine neue Identität zu geben, gegen den erbitterten Widerstand der alten Elite. Da die KMT die Mehrheit im Parlament stellt und sich auf einen Beamtenapparat verlassen kann, der ihr treu ergeben ist, bleibt es häufig bei Symbolpolitik. Überall auf der Insel werden Statuen von Chiang Kai-shek abgebaut, nach ihm benannte Parks und öffentliche Plätze erhalten neue Namen. Andere Maßnahmen reichen tiefer und sind darauf angelegt, ihre Wirkung mit der Zeit zu entfalten. Schulbücher werden umgeschrieben, das Taiwanische erscheint auf dem Lehrplan, die Kultur der Ureinwohner findet ungewohnte Beachtung, kurz: Alles, was in Taiwan nicht chinesisch ist, erfreut sich neuer Wertschätzung. Allerdings ruft jede dieser Maßnahmen Proteste hervor, Schmähungen in der KMT-treuen Presse und hitzige Parlamentsdebatten, die manchmal zu Raufereien ausarten. Chens Amtszeit dauert von 2000 bis 2008, es sind die wilden Jahre der taiwanischen Demokratie. Der eiserne Griff der Diktatur hat sich gelöst, und zum Vorschein kommt ein tief gespaltenes Land.

Mein Leben ist davon nicht direkt betroffen. Als Postdoc arbeite ich in diesen Jahren an verschiedenen Universitäten und Forschungseinrichtungen, hangle mich von einem befristeten Vertrag zum nächsten, halte Vorträge, schreibe Aufsätze und muss gelegentlich als Dozent aushelfen – kein Vergnügen, da alle Studierenden die Unterrichtssprache besser beherrschen als ich. Zeitweise liegt mein Büro in einem alten Backsteingebäude der National Taiwan University, von den Japanern als Kaiserliche Hochschule Taihoku (Taipei) gegründet, und ab und zu besuche ich Konferenzen an der Academia Sinica, dem Top-Forschungsinstitut des Landes, das im Zuge der großen Flucht während des Bürgerkriegs nach Taiwan verlegt wurde. Wie geschichtsträchtig diese Orte sind, ist mir kaum bewusst, ich habe andere Dinge im Kopf. Nachts und am Wochenende schreibe ich einen Roman namens *Grenzgang,* der – wo sonst? – in Oberhessen spielt und mit meinem taiwanischen Umfeld nicht das Geringste zu tun hat. Hinsichtlich der politischen Auseinandersetzungen jener Jahre bin ich Zuschauer, allerdings mit Logenplatz.

Meine Wohnung liegt an der Ren'ai Lu, der achtspurigen, von Palmen gesäumten Achse, die vom Präsidentenpalast zum Rathaus führt. Gegen Ende von Chens Amtszeit wird beinahe jedes Wochenende für oder gegen ihn demonstriert, und immer ziehen die Massen direkt vor meinem Haus vorbei. Mal dominieren die blauen Fahnen der KMT, mal die grünen von der DPP, deren Unterstützer in riesigen Buskonvois aus dem Süden der Insel anreisen. Einige Male marschiere ich mit, zum Beispiel, um gegen das sogenannte Anti-Sezessions-Gesetz zu protestieren, mit dem das Regime in Peking die rechtliche Grundlage für eine militärische Intervention in Taiwan legen will. Offenbar bekommt man in China mit, dass auf der anderen Seite der Taiwanstraße die Zeichen nicht auf Wiedervereinigung stehen; unter Chen Shui-bian weniger denn je.

Der Mann ist Anwalt und ein Kind der lange Zeit illegalen Bürgerrechtsbewegung. Was bei uns früher APO hieß, formierte sich in Taiwan als *Dangwai,* wörtlich »außerhalb der Partei«, womit die KMT als einzige zugelassene Partei gemeint war. Bekannt wurde Chen als Verteidiger im sogenannten Kaohsiung-Zwischenfall, dem letzten großen politischen Prozess, mit dem 1980 die demokratische Opposition mundtot gemacht werden sollte. So wie mehrere seiner Mitstreiter saß er zwischenzeitlich selbst im Gefängnis, allerdings nur einige Monate. Aus dem Süden der Insel stammend, spricht er lieber Taiwanisch als Chinesisch und konnte nur Präsident werden, weil sich das gegnerische Lager zerstritt und zwei Kandidaten aufstellte, die einander Stimmen wegnahmen. Bei taiwanischen Präsidentschaftswahlen gilt die einfache Mehrheit, und Chen bekam 39 Prozent.

Für die alte Elite war die Wahl ein Schock. Zögerlich hatte sich die KMT auf den Pfad der Demokratisierung begeben, um ihrer Herrschaft Legitimation zu verleihen und internationale Anerkennung zu erlangen – aber doch nicht, um die Macht zu verlieren! 2004 wurde Chen mit hauchdünner Mehrheit wiedergewählt, nachdem es am Abend vor der Wahl einen Attentatsversuch auf ihn gegeben hatte, von dem die KMT bis heute behauptet, er sei von ihm selbst inszeniert worden. Die Umstände sind mysteriös genug, der mutmaßliche Täter wurde später tot aufgefunden, aber ob er sich selbst umgebracht hat oder ermordet wurde, konnte nie geklärt werden. Spätestens mit dieser Wahl betrachtete die KMT die Präsidentschaft Chens als illegitim und ergriff jede Möglichkeit, um seine Politik durch ihren Beamtenapparat und die eigene Mehrheit im Parlament zu torpedieren. Ohnehin verfügte die DPP, die jahrzehntelang von den Schaltstellen der Macht ausgeschlossen gewesen war, nicht über genügend Experten und war intern zerstritten über die Frage, wie offensiv sie das Ziel der taiwanischen Unabhängigkeit angehen sollte. Darin nämlich bestand das Kernanliegen der Partei, dessen Umsetzung jedoch bis auf Weiteres eine außenpolitische und diplomatische Unmöglichkeit darstellt.

Manchmal, wenn ich vom Dach aus den Demonstrationen zusehe, leistet meine Vermieterin mir Gesellschaft. Als über achtzigjährige Dame, die noch in der Kolonialzeit zur Schule gegangen ist und besser Japanisch als Chinesisch, am liebsten aber Taiwanisch spricht, trägt sie im Freien stets einen Sonnenhut mit dem Konterfei des Präsidenten. Dass er für sie ein Held ist, hat weniger mit bestimmten politischen Maßnahmen zu tun als mit dem, wofür er als Person steht: den Kampf gegen die Alleinherrschaft der KMT und für ein Taiwan, das nicht das bessere China sein will, sondern ein demokratisches, im Idealfall unabhängiges Land. Für alles, was dem Präsidenten nicht gelingt, hat sie eine bündige Erklärung: Die KMT lässt ihn nicht.

Chen Shui-bians zweite Amtszeit ist ein einziger Tumult. Es gibt Korruptionsvorwürfe und Verfahren gegen enge Vertraute, Rücktrittsforderungen werden nicht nur vom politischen Gegner erhoben, sondern auch von ehemaligen Weggefährten, und zeitweise wachsen sich die Massenproteste zu einer regelrechten Belagerung des Präsidentenpalasts aus. Kaum hat Chen diesen verlassen und seine Immunität verloren, wird er wegen Korruption und Amtsmissbrauch angeklagt. Seine Anhänger sprechen noch heute von einem politischen Prozess, einem Racheakt der KMT, die bei der nächsten Wahl mit großer Mehrheit die Macht zurückerobert. Als ich Taiwan im Frühsommer 2011 verlasse – wieder nur vorübergehend, wie sich bald zeigen sollte –, sitzt der frühere Anwalt im Gefängnis. Das traurige Ende einer beachtlichen und sehr taiwanischen Karriere.

Proteste: Lasst hundert Sonnenblumen blühen!

Im März 2014 fliege ich erneut nach Taiwan, lande diesmal aber nicht am Chiang Kai-shek-Flughafen, sondern am Taoyuan International Airport. Selber Ort, anderer Name: Der tote Diktator ist im öffentlichen Leben der Insel weiter auf dem Rückzug, aber mit Rückzügen kennt er sich ja aus. Das Flughafengebäude wird derweil renoviert. Lange Zeit war der erste Eindruck, den Besucher von der Insel bekamen, wenig vorteilhaft: dunkle, muffige Korridore, Wasserflecken an den Wänden, veraltete sanitäre Anlagen und kaum Geschäfte. Verglichen mit den neuen Flughäfen, die in China wie Pilze aus dem Boden schießen, wirkte dieser hier nahezu ärmlich, und darin dürfte ein wesentliches Motiv für das Facelifting gelegen haben. Längst gibt es zwischen beiden Seiten der Taiwanstraße direkte Flugverbindungen, niemand muss mehr wie ich vor achtzehn Jahren über Hongkong reisen, und die Touristen vom Festland strömen in wachsender Zahl auf die Insel. Präsident Ma Ying-jeou von der KMT, der Nachfolger des weiterhin inhaftierten Chen Shui-bian, führt einen ausgesprochen China-freundlichen Kurs und schließt reihenweise Abkommen zum Ausbau des bilateralen Handels. Allerdings sorgt die enge wirtschaftliche Verflechtung insbesondere bei vielen jungen Taiwanern für Unbehagen, und seit zwei Wochen hält ihr Widerstand dagegen das ganze Land in Atem. Das Frühjahr 2014 markiert einen neuerlichen Höhepunkt im Streit um die taiwanische Identität.

Die sogenannten Sonnenblumen-Proteste erschüttern die Insel.

In gewisser Weise könnte man sie unter die Spätfolgen der Präsidentschaft von Chen Shui-bian rechnen. Diese endete zwar in einem Desaster, von dem sich seine Partei noch lange nicht erholt hat, in anderer Hinsicht aber war sie für Taiwan wichtig und verdient sogar, ein Erfolg genannt zu werden. Das gesellschaftliche Klima hat sich in jenen acht Jahren nachhaltig verändert. Eine neue Generation wuchs in einer freieren Gesellschaft auf, in der sie sich anders artikulieren konnte als ihre Eltern und Großeltern. Offensichtlich wird das, als diese Generation plötzlich als Akteur auf die politische Bühne stürmt. Dass ich im selben Moment nach Taiwan reise, ist allerdings ein Zufall, der weniger mit Politik als mit Liebe zu tun hat.

Kurz vor meiner Abreise aus Taiwan drei Jahre zuvor hatte ich mich heftig verliebt, weshalb der Abschied überaus traurig war. Beflügelt durch den unerwarteten Erfolg meines ersten Romans, wollte ich damals nicht länger eine akademische Hilfsameise, sondern ein freier Schriftsteller sein, und das hat funktioniert. Inzwischen arbeite ich in Lissabon an meinem dritten Roman, der sich der Fertigstellung nähert, und führe mit meiner taiwanischen Freundin eine Interkontinentalbeziehung, was zwar seine Reize hat, auf Dauer aber vor allem anstrengend ist. Unsere stets zu kurzen Treffen finden mal in Europa, mal in Asien statt, und obwohl ich zu dem Zeitpunkt noch nicht ahne, dass wir eines Tages heiraten werden, liebäugle ich insgeheim mit einer dauerhaften Rückkehr nach Taiwan.

Diesmal jedoch bin ich nur für zwei Monate zu Gast im Taipei Artist Village. Wie sich herausstellt, liegt die Unterkunft mitten im Zentrum der Proteste, über die mich meine Freundin aufklärt, während wir vom Flughafen in die Stadt fahren. Bei meiner früheren Lehrtätigkeit habe ich die hiesigen Studierenden als höflich, fleißig und eher zu brav kennengelernt, sodass mich, was jetzt geschieht, ebenso überrascht wie den Rest der Gesellschaft. Gleichzeitig scheint der Protest bei großen Teilen der Bevölkerung einen Nerv zu treffen, jedenfalls ist für den kommenden Sonntag eine Kundgebung geplant, zu der mehrere Hunderttausend Menschen erwartet werden.

Was ist hier los, frage ich mich verwirrt.

Die Angst vor der kommunistischen Unterwanderung

Auf den ersten Blick erscheint der Anlass für die Proteste gering: ein weiteres Abkommen mit der Volksrepublik China, das die Handelsbeziehungen vertiefen soll. Diesmal geht es ums Dienstleistungsgewerbe, und wahrscheinlich hat der Präsident geglaubt, das Abkommen ohne große Diskussion durchs Parlament drücken zu können, in dem die KMT die Mehrheit hält. Das ist auch gelungen, aber außerhalb des Parlaments hat das Abkommen ebenso wie die hastige Art seiner Verabschiedung Unmut ausgelöst. Man weiß zu wenig über die Details und mögliche Konsequenzen für Taiwans Demokratie. Fallen in den Dienstleistungssektor auch Medienunternehmen, und wenn ja, droht dann nicht eine Einflussnahme durch festländische Medien, die bekanntlich oft staatliche Propaganda betreiben?

Es lohnt sich, einen Moment innezuhalten und die Verschiebung im politischen Diskurs Taiwans zu würdigen, die hier sichtbar wird: Jahrzehntelang war die KMT geradezu besessen von der drohenden Unterwanderung durch Kommunisten von drüben, überall witterte sie Spione und rief die Bevölkerung auf, wachsam zu sein. In der Hochphase des Weißen Terrors reichte es aus, wenn in einem studentischen Lesezirkel der Name Marx fiel, um die Maschinerie der staatlichen Repression in Gang zu setzen. Am Ende stand nicht selten eine Gefängnisstrafe auf der berüchtigten Grünen Insel. Der einzige ebenso verhängnisvolle Verdacht wie der, für die »kommunistischen Banditen« *(gongfei)* zu arbeiten, bestand darin, die taiwanische Unabhängigkeit anzustreben. *Taidu* lautete der Ausdruck dafür, *tai* für Taiwan und *du* für Unabhängigkeit *(duli),* wobei letzteres Zeichen oft in verleumderischer Absicht durch das homonyme Zeichen für Gift ersetzt wurde. »Der giftige Abschaum, der für die Unabhängigkeit Taiwans eintritt«, so ließe sich der Sinn dieses Ausdrucks wiedergeben, der den zweiten Todfeind im Inneren der Gesellschaft benannte.

Und heute?

Im Jahr 2014 ist Taiwan ein demokratisches Land, ausgestattet mit einem Selbstbild, das längst nicht mehr dem entspricht, was die KMT ihren Untertanen so lange eingetrichtert hat. Für die Studierenden ist es kein Akt des Protests mehr, sich als Taiwaner statt als Chinesen zu bezeichnen, sondern eine Selbstverständlichkeit, und auch dafür gibt es einen Namen: *tianran-du* ist jemand, der »ganz natürlich« auf die Unabhängigkeit der taiwanischen Heimat setzt. So mag es ironisch wirken und ist doch nur konsequent, wenn die Furcht vor der kommunistischen Unterwanderung von der

KMT auf ihre Widersacher innerhalb Taiwans übergegangen ist, während sich die einst allmächtige Partei dem Erzfeind von drüben annähert. Es ist das Bündnis derer, die bei allen ideologischen Differenzen eine Überzeugung eint, nämlich die, dass ein unabhängiges Taiwan nicht sein darf, weil die Insel chinesisch ist und es für alle Zeit bleiben muss. Am Lebensgefühl vieler junger Taiwaner geht das jedoch vorbei, sie fürchten vielmehr eine Regierungspolitik, die die Eigenständigkeit ihrer Heimat unterhöhlt. Die Nutzen des Abkommens überwiegen die Nachteile, wiederholt Präsident Ma gebetsmühlenartig, seit die Proteste aufgeflammt sind, und je häufiger er es tut, desto größer wird das Misstrauen derer, die er beschwichtigen will. Keine Frage, der Präsident hat ein Problem.

Chen Shui-bian und Ma Ying-jeou: Die feindlichen Brüder

Es wäre verlockend, Taiwans politische Geschichte der letzten fünfzig Jahre als eine Doppelbiografie der beiden Erzrivalen Chen Shui-bian und Ma Ying-jeou zu schreiben, aber dafür ist hier kein Platz, also belasse ich es bei einer knappen Skizze. Beide Männer wurden 1950 geboren, sind studierte Juristen und waren Bürgermeister von Taipei – Chen in den Jahren 1994–1998, Ma von 1998 bis 2006 –, bevor sie Präsident wurden (Chen 2000–2008, Ma 2008–2016). Von dieser Gemeinsamkeit abgesehen, verkörpern sie geradezu idealtypisch die beiden politisch-sozialen Lager, deren Auseinandersetzungen aus Taiwan eine so ruhelose und spannungsgeladene Gesellschaft machen.

Über Chen Shui-bian habe ich bereits einiges gesagt. Aus einer armen Bauernfamilie im Süden Taiwans stammend, gelangte er durch Fleiß und Begabung an die renommierteste Hochschule der Insel, die National Taiwan University, wo er bereits im zweiten Studienjahr seine Anwaltszulassung erwarb und Taiwans jüngster Rechtsanwalt wurde. Seine politische Sozialisation erfolgte in der *Dangwai*-Bewegung, für die er juristisch und publizistisch tätig war. Bekanntheit erlangte er durch die bereits erwähnte Rolle im Kaohsiung-Zwischenfall, dem Prozess gegen die Macher des oppositionellen *Formosa Magazine*. Seine Mandantin, die feministische Aktivistin Annette Lu, hatte bei einer Demonstration für Menschenrechte eine zwanzigminütige Rede gehalten, in der sie die Regierung kritisierte, und wurde dafür zu einer zwölfjährigen Freiheitsstrafe wegen Volksverhetzung verurteilt. Fünfeinhalb Jahre saß sie im Gefängnis. Im Jahr 2000 wurde sie Chen Shui-bians Vizepräsidentin.

Zur Zeit des Kaohsiung-Zwischenfalls befand sich Ma Ying-jeou in den USA, genauer gesagt, an der Harvard Law School. Seine familiären Wurzeln liegen auf dem chinesischen Festland, aber geboren wurde er in Hongkong, während der Flucht, die seine Familie nach Taiwan führte. Der Vater war ein ranghoher KMT-General im Krieg gegen Japan, der Stammbaum der Familie reicht bis in die Han-Zeit zurück, also rund zweitausend Jahre. Kurzzeitig war er an der Wall Street beschäftigt, ehe er nach Taiwan zurückkehrte, um für Chiang Ching-kuo zu arbeiten, den Sohn und Nachfolger von Generalissimus Chiang Kai-shek. Kam Chen Shuibian aus der Bürgerrechtsbewegung »außerhalb der Partei«, wurde sein Rivale gleichsam in die KMT hineingeboren und lernte sein Handwerk im Vorzimmer des Präsidenten. Chen war ein Aufsteiger aus ärmlichen Verhältnissen, Ma der Sohn des Establishments. Dem einen haftete zeitlebens etwas Zappeliges an, die kämpferische, moralisch empörte Haltung des Aktivisten, die sich später zur theatralischen Selbstinszenierung als »Sohn Taiwans« steigerte – so der Titel seiner Autobiografie. Der andere war gut aussehend, smart und trat schon präsidial auf, ehe er das Amt innehatte. An seiner Identität als Chinese zweifelte er so wenig wie Chen an seiner als Taiwaner. Ma sprach fließend Englisch – was Chen überhaupt nicht konnte –, aber seine Versuche, potenzielle Wähler auf Taiwanisch anzusprechen, wirkten kalkuliert und rochen nach Anbiederung. Blieb für den einen die Unabhängigkeit Taiwans das Fernziel, hielt der andere an der Möglichkeit einer schrittweise herbeigeführten Wiedervereinigung fest. In China sah der eine zuerst eine militärische Bedrohung und der andere das Mutterland. Taiwan war für den einen die Heimat, für den anderen das familiäre Exil. Ein Schicksal allerdings verband beide: Je länger ihre Präsidentschaft dauerte, desto stärker lehnte sich das Volk gegen sie auf. War Ma angetreten, um nach Chens chaotischer Amtszeit für Stabilität zu sorgen, musste er im Lauf der Zeit feststellen, dass er selbst zum Buhmann geworden war.

Die neuen AktivistInnen

Und damit zurück ins Jahr 2014. Wie es in der Nacht auf den 18. März dazu kam, dass eine Gruppe von Studierenden ins Parlamentsgebäude eindringen und sich dort verbarrikadieren konnte, ist unklar und nach dem weiteren Gang der Ereignisse auch nicht mehr so wichtig. Aufgeputscht durch ihren Erfolg, wollten einige AktivistInnen am 23. März zusätzlich den Regierungssitz besetzen, aber das ließ die Polizei nicht zu, und es kam zu den schlimmsten Straßenschlachten, die Taiwan seit vielen Jahren gesehen hatte. Tränengas, Wasserwerfer und Gummiknüppel wurden eingesetzt, die Fotos von Platzwunden und anderen Verletzungen prangten am nächsten Tag auf den Titelseiten der Zeitungen, und wenngleich viele Taiwaner das Verhalten der Demonstranten missbilligten, sorgte das harte Durchgreifen der Polizei für blankes Entsetzen. Seitdem dreht sich die Auseinandersetzung nicht mehr nur um das Für und Wider des umstrittenen Abkommens, sondern um die alte Frage, was für eine Gesellschaft Taiwan ist und sein will. Die studentischen AktivistInnen bestehen allerdings darauf, dass die alte Frage nach neuen Antworten verlangt, und da die etablierten Parteien keine haben, geben sie sie eben selbst.

Mitten in diese Proteste fällt meine Ankunft, und je näher unser Taxi dem Taipei Artist Village kommt, desto weniger erkenne ich die Stadt wieder. Um das Parlament herum stehen an jeder Kreuzung Straßensperren, ist Stacheldraht ausgerollt, beobachten schwer bewaffnete Polizisten das Geschehen. Eine gespannte Ruhe hängt über der Szenerie, der große Parkplatz neben dem Artist Village wird besetzt von Mannschaftsbussen der Polizei. So habe ich Taipei noch nie erlebt.

In der Straße direkt vor dem Parlamentsgebäude bietet sich jedoch ein anderes Bild. Inzwischen sind Studierende aus ganz Taiwan in die Hauptstadt gekommen, um bei den Protesten dabei zu sein. Endlose Reihen bunter Zelte säumen die Bürgersteige, überall hängen Plakate und Banner, auf provisorischen Bühnen sitzt man diskutierend beieinander. Die Stimmung ist gelöst und erinnert beinahe an ein Musikfestival, allerdings an ein besonders gut organisiertes und sehr ordentlich durchgeführtes. Teams übernehmen die Versorgung mit Essen und Getränken, der Müll wird eingesammelt, natürlich getrennt. Längst haben die Proteste eine Corporate Identity: Ihre Farbe ist schwarz und ihr Symbol die Sonnenblume, die auf keinem Plakat fehlt. Die Kommunikation läuft über Facebook und LINE (das hiesige Pendant zu WhatsApp), aber hier und da trifft sich noch die gute alte studentische Arbeitsgruppe und malt Schaubilder, auf denen die verschiedenen Bestandteile des Handelsabkommens aufgedröselt sind.

Keineswegs reden die Studierenden nur untereinander, man sieht auch ältere Bürger, die sich an den Diskussionen beteiligen. Eine Frau, die ich auf etwa siebzig schätze, steht auf einer Bühne und erzählt ihre Geschichte. Unter einem Sonnenschirm sitzen junge Leute um einen Mann herum, der um den Kopf ein Stirnband trägt, auf dem steht: Ich bin *für* das Handelsabkommen. Niemand beschimpft ihn.

Für viele Taiwaner kamen die Proteste wie aus dem Nichts. Für mich auch, in Lissabon habe ich mich zuletzt mehr für die Folgen der europäischen Sparpolitik interessiert, und die internationalen Nachrichten werden dominiert von den Vorgängen auf der Krim, aber wer Taiwans Gesellschaft aufmerksam beobachtet hat, wurde von der jüngsten Eskalation weniger überrascht. Der kanadische Journalist J. Michael Cole hat seine Berichte später in dem Buch *Black Island – Two Years of Activism in Taiwan* gesammelt und darin die Vorgeschichte der Sonnenblumen-Proteste skizziert. Demnach gab es bereits seit zwei Jahren vermehrten Widerstand junger AktivistInnen gegen lokale Missstände. Oft ging es um Land für neue Bauprojekte, das den bisherigen Bewohnern weggenommen wurde. Eine Shoppingmall hier, ein Windpark dort. Nicht die großen ideologischen Streitfragen standen im Vordergrund, sondern das Verhalten lokaler Behörden und die Missachtung der Rechte derer, die zu den Schwächsten der Gesellschaft gehören. All das dürfte dazu beigetragen haben, dass das Medienecho gering blieb, auch wenn die Proteste gegen ein Bauprojekt im ländlichen Miaoli einmal zwanzigtausend Menschen vor den Präsidentenpalast riefen.

Das war im August 2013.

Statt der etablierten Medien nutzten die AktivistInnen das Internet, richteten Websites ein, sammelten Daten und dokumentierten das Fehlverhalten der Behörden. Die meisten von ihnen studierten an den besten Hochschulen der Insel, aber auffälliger als ihr Bildungshintergrund war die Tatsache, dass ihr Tun die traditionellen Konfliktlinien der taiwanischen Politik verwischte: Manche von ihnen kamen aus taiwanischen Familien, andere aus festländischen, was für ihr Engagement jedoch keine Rolle spielte. In ihren Augen drohte sich die Parteienpolitik der Insel im alten Spiel Festländer gegen Taiwaner zu erschöpfen: Die KMT saß nach dem Schock der Präsidentschaft Chen Shui-bians wieder fest im Sattel und betrieb Klientelpolitik für ihre angestammten Anhänger, die DPP beschränkte ihre Oppositionsrolle darauf, ab und zu Anhänger aus dem Süden in die Hauptstadt zu bringen, wo sie ein paar Stunden lang Fahnen schwenkten, Slogans riefen und wieder in die Busse stiegen. Mit anderen Worten, die KMT gab denen, die ohnehin schon viel hatten, und die DPP mobilisierte die, die sowieso keine andere Partei wählen würden – höchste Zeit, dachten sich ein paar kluge junge Köpfe an den Unis, das mal ein bisschen durcheinanderzuwirbeln.

»Die Demokratie verteidigen, das Handelsabkommen zurückziehen«

Der 30. März ist ein strahlend sonniger Tag. Ich reibe mir die Augen allerdings nicht wegen des grellen Lichts oder weil ich am zweiten Tag meines Aufenthalts noch unter Jetlag leide. Eine halbe Million Menschen, die meisten in schwarzen T-Shirts und mit gelben Stirnbändern, füllen das Stadtzentrum von Taipei. Junge Leute dominieren das Bild, aber ich sehe auch viele Familien und Senioren. In dieser Stadt habe ich unzählige Demonstrationen gesehen und an einigen teilgenommen, aber ein Anblick wie heute ist mir noch nie untergekommen. Schon vor dem Beginn der Kundgebung sitzen die meisten Teilnehmer auf dem Boden, weil sich angesichts solcher Massen sowieso kein Zug formieren kann. Auf dem Boulevard vor dem Präsidentenpalast ist längst kein Platz mehr, das alte Osttor versinkt im Fahnenmeer, dahinter erhebt sich das Gebäude, das früher das Hauptquartier der KMT beherbergt hat. Nach dem zwischenzeitlichen Machtverlust musste die Partei sparen und ihren Apparat verkleinern, also ist sie vor einigen Jahren umgezogen und hat das Haus an eine Stiftung verkauft. Die neuen Eigentümer fanden die beiden gemauerten Greifarme, die früher auf den Präsidentenpalast gerichtet waren, offenbar so unangebracht, dass sie sie kurzerhand abgerissen haben. Ein paar Schritte weiter in südlicher Richtung gibt es das Memorial für den Generalissimus Chiang immer noch, aber der Platz davor, der früher nach ihm benannt war, heißt seit einigen Jahren Ziyou Guangchang, Platz der Freiheit.

»Die Demokratie verteidigen, das Handelsabkommen zurückziehen«, lautet das Motto der Kundgebung, das die meisten Teilnehmer auf ihren Stirnbändern tragen. Transparente fordern den Rücktritt von Präsident Ma, witzigerweise mit derselben Formulierung, mit der dieser sturköpfig sein Abkommen verteidigt: »Der Nutzen wäre größer als der Schaden.« Immer wieder stoße ich auf den Spruch »Wer heute nicht aufsteht, wird es morgen nicht mehr können«, hier und da steht auf T-Shirts ein rotzig schlichtes »Fuck the Government«, aber nur selten begegne ich der Farbe Grün, der Farbe der oppositionellen DPP und der taiwanischen Unabhängigkeitsbewegung. Zwar dürften die meisten Demonstranten dem grünen Lager näherstehen als dem blauen der KMT, doch der heutige Protest ist überparteilich und soll beide Seiten daran erinnern, dass die Jugend über Gegenwart und Zukunft Taiwans mitbestimmen will. »Wir werden erwachsen, ihr werdet alt«, lese ich auf einem Transparent, das klarmacht, um wessen Zukunft es schließlich geht.

An verschiedenen Ecken der Innenstadt stehen Bühnen, Leinwände und riesige Boxentürme, an Organisationstalent mangelt es den Demonstrierenden offenbar nicht. Ihre Anführer sind dieselben, die zuletzt die verschiedenen, von der Gesellschaft kaum wahrgenommenen Proteste initiiert haben, aus denen die Sonnenblumen-Bewegung hervorgegangen ist. Als einer von ihnen, der 26-jährige Politikstudent Lin Fei-fan, auf der Abschlusskundgebung spricht, sind alle Fernsehsender der Insel live dabei. Ohne jeden Anschein von Nervosität macht der junge Mann seiner Zuhörerschaft – das ist in diesem Moment das ganze Land – klar, dass dies erst der Anfang sei. »Ma Ying-jeou trägt zwar ein Lächeln im Gesicht«, sagt er über den stets selbstsicher bis arrogant wirkenden Präsidenten, »aber wir lassen uns von ihm nicht täuschen. Der Präsident täte gut daran, auf die Stimme seines Volkes zu hören.« Dem donnernden Applaus zufolge sehen das an diesem Tag alle so. Wäre ich ein Politiker der KMT (ein höchst unwahrscheinliches Szenario), würde mir das zu denken geben.

Nach dem Höhepunkt der Kundgebung stellt sich die Frage, wie es weitergehen soll. Auf den ersten Blick haben die Proteste ihr Ziel verfehlt, denn der Präsident hält an seinem Abkommen fest. Die taiwanische Gesellschaft aufzurütteln ist allerdings in beeindruckender Weise gelungen, und davon abgesehen, weiß jeder, dass Demonstrationen nicht ewig dauern können, schon gar nicht die Besetzung eines Parlaments, von dem die Demonstrierenden schließlich fordern, es solle tätig werden. Für den 10. April wird daher der feierliche Auszug aus dem Gebäude angekündigt.

An diesem Abend füllen noch einmal 30 000 Menschen die Straßen um das Parlamentsgebäude. In den vergangenen Tagen haben die Studierenden gründlich geputzt und aufgeräumt und angekündigt, dass sie die Räumlichkeiten in besserem Zustand zu verlassen gedenken, als sie sie vorgefunden haben. Jetzt ist der Andrang so groß, dass ich von meinem Platz aus wenig mitbekomme. Ab und zu brandet Applaus auf. Obwohl die Besetzung eines demokratisch gewählten Parlaments eigentlich ein zutiefst undemokratischer Akt ist, glauben laut einer Zeitungsumfrage siebzig Prozent der Taiwaner, dass die Demokratie in ihrem Land durch die Sonnenblumen-Bewegung vorangebracht wurde. Gleichzeitig waren in den vergangenen Tagen in regierungstreuen Fernsehsendern immer wieder besorgte Eltern zu sehen, die ihre Kinder beschworen, endlich zur Vernunft zu kommen: Denkt an eure Zukunft und lernt lieber fleißig, statt in Zelten vor dem Parlament zu schlafen. Taiwans moderne dynamische Gesellschaft hat immer noch eine konfuzianische DNA, deren höchster Wert der Respekt gegenüber Eltern und Lehrern ist. Werden die Jungen aufmüpfig, ist die Irritation der Älteren mit Händen zu greifen. »Wir haben sie nicht richtig erzogen«, hat der Präsident kürzlich über die gesagt, die es wagen, seinen Rücktritt zu fordern.

Als die Parole »Die taiwanische Demokratie zum Leuchten bringen« ausgegeben wird, erhellen tausend Handys die Nacht, und alle singen *Daoyu tianguang* (Strahlender Himmel über der Insel), die inoffizielle Hymne der Protestbewegung von einer Band mit dem schönen Namen *Feuerlöscher.* Der Text beginnt gut konfuzianisch mit der Zeile »Liebe Mama, mach dir keine Sorgen um mich«, doch dann heißt es: »Ich muss jetzt gegen die kämpfen, die uns betrogen haben. Der Himmel wird heller, denn hier sind Leute, die beschlossen haben, ihre Träume zu verteidigen, das macht sie stärker als zuvor.« Meine Freundin hat Tränen in den Augen, und sie ist nicht die Einzige. »Heute ist der Tag für alle mutigen Taiwaner«, endet der Song, dann brandet noch einmal donnernder Applaus auf, und die aufwühlendsten drei Wochen, die ich in Taiwan bisher erlebt habe, sind vorbei.

In den kommenden Tagen kehrt Stück für Stück eine Normalität zurück, die sich zunächst noch ungewohnt anfühlt. Zelte werden abgebaut, Transparente eingerollt, aber als würde der Staat dem Frieden nicht trauen, dauert es eine Weile, bis auch Straßensperren und Stacheldraht verschwunden sind. Erst nach einer Woche stehen auf dem Parkplatz neben dem Taipei Artist Village wieder Pkw, keine Mannschaftsbusse der Polizei. Was außer Erinnerungen von den Protesten bleiben wird, ist in diesem Moment nicht abzusehen, aber ein halbes Jahr später deutet es sich an: Bei den Regionalwahlen am Jahresende erleidet die KMT eine krachende Niederlage.

Nicht nur in der Politik hinterlassen die Ereignisse Spuren. Im Sommer des kommenden Jahres werden die Golden Melody Awards verliehen, die Musikpreise, die in der chinesischsprachigen Welt einen ähnlichen Status besitzen wie die Grammys in der englischsprachigen. Gestiftet werden sie vom taiwanischen Kultusministerium, über die Vergabe entscheidet eine unabhängige Jury, und da auch Künstler aus der Volksrepublik China und Hongkong nominiert sind, wird die Verleihung dort ebenfalls live übertragen. Als *Daoyu tianguang* den Preis für den besten Song gewinnt, unterbricht das chinesische Staatsfernsehen die Übertragung allerdings und sendet Werbung. In der späteren Bekanntgabe der Preisträger wird die Kategorie Bester Song einfach weggelassen.

Eins hat sich also nicht geändert: Wenn Taiwaner mutig werden und sich anschicken, für ihre Träume einzustehen, wird man auf der anderen Seite der Taiwanstraße spürbar nervös.

Postscriptum 2016: Taiwans erste Präsidentin

Im Januar 2016 sind Präsidentschaftswahlen, und wieder einmal wollen die Taiwaner den Wechsel. Mit 56 Prozent der Stimmen wird Tsai Ing-wen von der DPP die erste Präsidentin Taiwans. Die KMT erleidet eine historische Niederlage und verliert erstmals die Mehrheit im Parlament. Dort sitzen fortan vier Vertreter einer neu gegründeten Partei namens Neue Kraft *(shidai liliang):* Die Saat der Sonnenblumen-Proteste ist aufgegangen.

Ich lebe inzwischen wieder in Taipei und habe den Wahlkampf intensiv verfolgt. Auffallend wenig war dabei von China die Rede, dafür viel von Jobs und bezahlbarem Wohnraum. Weniger Ideologie, mehr Pragmatismus, scheint das Motto der künftigen Präsidentin zu sein. Tsai Ing-wen, so ist zu hören, nimmt sich den nüchternen Stil von Angela Merkel zum Vorbild. Ausgebildet an der Cornell University und der London School of Economics, leitete sie unter Präsident Chen die offizielle Verbindungsstelle zur Volksrepublik China und weiß nur zu gut, wie gering ihr außenpolitischer Spielraum ist. Taiwan wirtschaftlich voranzubringen, ohne die Insel in zu große Abhängigkeit zum feindlichen Nachbarn zu bringen, wird ein Drahtseilakt werden. Daneben setzt sie offenbar auf die *soft power* einer Gesellschaft, in der eine unverheiratete Frau ohne mächtige Familienbande zur

Präsidentin gewählt werden kann – wenngleich gegen erhebliche Widerstände auch in der eigenen Partei. »Der Präsident trägt keinen Rock«, wird einer ihrer internen Widersacher zitiert. Tsai Ing-wen hingegen hat im Vorjahr in einer Rede angekündigt, Taiwan wolle durch sein Beispiel den Geist von Demokratie und Freiheit zum neuen Paradigma der asiatischen Werte machen. Dazu muss man wissen, dass in Ostasien und ganz besonders in China von »asiatischen Werten« meistens in Absetzung zu den westlichen Idealen von Demokratie und Liberalismus die Rede ist. Im Wettbewerb der Systeme will Taiwan demnach in die Offensive gehen.

Zu gern würde ich den Wahlabend draußen verbringen und die Kundgebung der Siegerin vor Ort miterleben, aber eine Thrombose in der linken Wade verhindert das. Mein Bein ist geschwollen und schmerzt, also sitze ich mit Laptop auf den Knien vor dem Fernseher. In den sozialen Netzwerken in China sind bereits seit dem frühen Abend die Stichworte »Tsai Ing-wen«, »Wahl« usw. gesperrt, aber wer Kommentare aus Hongkong liest, kann spüren, wie das taiwanische Beispiel ausstrahlt in die Region. »Wann wird es das bei uns geben?«, postet eine junge Frau, während vor mir auf dem Fernsehschirm die frisch gewählte Präsidentin ihre Siegesrede hält. Tsai sagt ihren Anhängern gerade, sie habe 2008 – als Chen Shui-bians Präsidentschaft in beispielloser Demütigung endete – versprochen, ihre Tränen in ein Lächeln zu verwandeln, und das sei nun geschehen. Jubel brandet auf, Fahnen werden geschwenkt, die junge Frau aus Hongkong schreibt: »Ich weine noch.«

Hätte sie zu diesem Zeitpunkt gewusst, was ihrer Stadt in den kommenden Jahren bevorsteht, wäre ihre Reaktion wohl noch viel stärker ausgefallen.

Taihoku und Taipei: Metamorphosen einer Stadt

Seit dem Frühjahr 2015 lebe ich also wieder dauerhaft in Taipei. In Songshan im Osten der Stadt teilen sich meine Frau und ich – ähnlich meinem Zuhause vor achtzehn Jahren und diesmal sogar legal – ein Häuschen auf dem Dach eines fünfstöckigen Wohnhauses. Für zwei Personen ist es eigentlich zu klein, verfügt aber über den Luxus einer großen Dachterrasse. Der »Park« nebenan besteht aus einer winzigen Grünfläche mit Kinderspielplatz, ein paar einfachen Fitnessgeräten und einer freien Fläche, wo sich morgens und abends Tanzgruppen treffen, deren Mitglieder synchron Arme und Beine schwingen – eine gesellige Form der Bewegung, die außerhalb Ostasiens selten öffentlich praktiziert wird. In Lissabon habe ich oberhalb von Martim Moniz gewohnt und konnte vom Fenster aus eine Gruppe Chinesinnen beobachten, die dort ihren Frühsport trieben, zur Belustigung aller Nachteulen und Rund-um-die-Uhr-Trinker, die auf dem Platz abhingen. Manchmal versuchte einer, mit Bierdose in der Hand mitzutanzen, aber so etwas habe ich in Taiwan noch nie gesehen und kann es mir auch nicht vorstellen. Der öffentliche Umgang ist von japanisch anmutender Höflichkeit und Rücksichtnahme geprägt – anders als in Japan gilt das hier sogar für die U-Bahn!

Songshan ist ein ausgesprochen taiwanisches Viertel, was bedeutet, dass sich viel Leben auf der Straße abspielt und dass es zahlreiche Tempel gibt. In den meisten residiert der *Tudi-gong* oder Erdgott, eine Art göttlicher Nachbarschaftsvorsteher. Als wir hergezogen sind, hat meine Frau unserem *Tudi-gong* einen Besuch abgestattet und uns angemeldet, damit er fortan ein Auge auf uns haben kann. Ob sie wirklich glaubt, dass uns das vor Unheil bewahrt, kann ich nicht mit Sicherheit sagen. Was man mangels eines besseren Begriffs als die Religion(en) Taiwans und Ostasiens bezeichnen muss, ist ein schwieriges Feld, auf dem man sich besser zurechtfindet, wenn man nicht fragt, woran die Leute glauben, sondern beobachtet, was sie zu welchem Anlass tun, sei es im Tempel oder am häuslichen Ahnenaltar. Im christlichen Kontext beheimatete Vorstellungen sind oft eher hinderlich.

In Songshan leben wenige Ausländer, weshalb mich die meisten Nachbarn vom Sehen kennen. Auf Vorbehalte oder Ablehnung stoße ich nie, allenfalls begegnen mir Leute mit einer gewissen Vorsicht, weil sie nicht wissen, ob man mit mir kommunizieren kann. Öffne ich den Mund und drücke mich verständlich aus, mischt sich ein Hauch von Erleichterung unter ihre Anerkennung. Keinen Satz hören Ausländer, die in gebrochenem Chinesisch »Guten Tag« sagen können, häufiger als diesen: »Dein Chinesisch ist sehr gut.« In manchen Restaurants der Nachbarschaft werde ich jedes Mal aufs Neue dafür gelobt, die Speisekarte lesen zu können – eine in meinem Fall besonders nützliche Fähigkeit, da unsere Wohnung keine richtige Küche hat und wir meist auswärts essen. Das Angebot an Restaurants und Geschäften ist ausgesprochen umfangreich.

Im Umkreis weniger Gehminuten gibt es etwa zwei Dutzend preisgünstige Nudelküchen, wo man sich für drei bis fünf Euro satt essen kann. In der Mall des Bahnhofs von Songshan warten ein weiteres Dutzend unwesentlich teurerer Restaurants plus die üblichen Fast-Food-Ketten. Dazu kommen ein Straßen- und ein Supermarkt, zwei Bäckereien und vier Gemischtwarenläden wie *7-Eleven* und *Family Mart,* die allesamt rund um die Uhr geöffnet haben. Wer seinen Reis in 30-Kilo-Säcken oder seine Sojasoße in 10-Liter-Kanistern kaufen will, wird ebenfalls fündig. Für nicht kulinarische Bedürfnisse gibt es drei Drogerien, diverse Friseur-, Schönheits- und Massagesalons, fünf Tempel, ein Geschäft für Namensstempel und eins nur für Kleiderbügel *(Hanger's House),* außerdem eine faszinierende Institution, die offiziell »Verschiedene-Sachen-Geschäft« *(za huo dian)* heißt, von mir aber »Chaos-Laden« genannt wird, weil man außer Lebensmitteln zwar alles bekommt, aber ohne Hilfe der Inhaber nichts findet. Für ein taiwanisches Wohnviertel sind das normale Werte, allenfalls die fünf oder sechs Geschäfte für Tempelbedarf – Räucherstäbchen, Geistergeld, Götterstatuen und Opfergefäße – verleihen der Gegend ein spezielles Flair. Vollständig ist die Liste damit noch nicht. Zwei Teeläden, ein Blumenladen mit dem Motto *Passions make Dreams come true,* ein Wahrsager, die Kaffeebar *Rote Nase,* ein Geschäft für Haustierzubehör, eins für Motorradhelme, zwei für chinesische Heilkräuter und, und, und … Obwohl Taiwaner heutzutage alles im Internet kaufen und ein Lieferservice wie *foodpanda* damit wirbt, dass er zur Hähnchenkeule gern auch ein neues Ladegerät fürs Handy an die Tür bringt, befindet sich in fast jedem Haus ein Laden. Dass der Einzelhandel trotz der Dominanz des

Internethandels derart floriert, ist eins der großen Mysterien der Insel.

Meine Schwiegermutter wohnt weiter westlich in Zhongzheng, unweit der Wohnung, von deren Dach aus ich früher die Demonstrationen auf der Ren'ai Lu beobachtet habe. Das ist ein teures Viertel, wo in der Kolonialzeit hohe Beamte lebten, in deren japanische Unterkünfte später die Kader der KMT zogen. Die meisten Holzhäuser sind inzwischen Apartmentblocks gewichen, deren Bauweise ein ganz anderes Straßenbild erzwingt. Außer zwei *7-Eleven* und ein paar Restaurants gibt es in den Seitenstraßen kaum Geschäfte, Hauseingänge verstecken sich hinter hohen Mauern, und von parkenden Autos abgesehen, sind die Gassen leer. Verlasse ich in Songshan das Haus, blicke ich direkt in die Wohnstuben unserer Nachbarn, wo in der Regel der Fernseher läuft. Unter den Vordächern hängt Wäsche zum Trocknen, auf der Gasse stehen Blumenkübel, und Autofahrer müssen gelegentlich anhalten, um ein Kinderfahrrad aus dem Weg zu räumen. Leider veranlasst die Enge der Durchfahrten niemanden, auf den Kauf viel zu breiter Autos zu verzichten. Genau wie bei uns hat die Infektion mit dem SUV-Virus epidemische Ausmaße erreicht, und ein Impfstoff ist nicht in Sicht.

Im Folgenden werde ich die Stadt Taipei erkunden, indem ich sie räumlich und zeitlich durchstreife. Laut Wikipedia ist sie mit 2,6 Millionen Einwohnern bloß die viertgrößte Stadt der Insel, was jedoch in die Irre führt, denn weitere 3,9 Millionen Menschen wohnen im umliegenden Neu-Taipei *(xinbei shi),* das zum selben urbanen Ballungsraum gehört. Nach ostasiatischen Maßstäben zählt Taiwans Hauptstadt trotzdem nicht zu den großen Metropolen; Hongkong, Shanghai, Tokio oder Seoul spielen in einer anderen Liga. Ein Freund hat Taipei einmal treffend als Mini-Moloch bezeichnet. Dass die Wohnungen und die Grünflächen so klein sind, kommt jedenfalls nicht von ungefähr: pro Quadratkilometer leben hier 9800 Menschen (in Berlin sind es gut 4000). Geschichtlich betrachtet, kann man die Stadt mit einem Buch vergleichen, das von einer Reihe von Autoren verfasst wurde, die einander feindlich gesonnen und deshalb bemüht waren, die vorangegangenen Kapitel auszuradieren, auf dass nichts als die eigene Erzählung übrig bleibe. Da dies zum Glück keinem von ihnen ganz gelungen ist, lassen sich die Spuren heute noch auffinden – man muss nur wissen, wo.

China en miniature

Bevor wir die Spurensuche beginnen, lohnt sich ein Blick auf den Stadtplan. Als 1945 die Japaner abzogen – übrigens ein Vorgang, der sich lange hinzog und erst zwei Jahre später abgeschlossen war – und die Festländer unter Chiang Kaishek die Insel übernahmen, bekamen alle Straßen von Taipei neue Namen. Wir kennen das aus der Zeit nach der Wiedervereinigung, aber bei uns ließ man nicht annähernd dieselbe Systematik walten. Die neue und angeblich nur provisorische Hauptstadt der Republik China sollte sowohl die Geografie als auch die kulturelle Essenz des riesigen Reichs abbilden, das man gerade im Begriff stand, an die Kommunisten zu verlieren. An die Schmach, einmal vom Erzfeind Japan regiert worden zu sein, durfte nichts mehr erinnern. Wenn man bedenkt, dass der Präsident der Republik in den Palast des früheren japanischen Gouverneurs zog, zeigt sich allerdings schnell, wie hoffnungslos dieses Ansinnen war.

Aus den Quellen wissen wir, dass Chiang Kai-shek persönlich Anteil an der Umbenennung nahm und detaillierte

Vorgaben machte. Sogar für Größe und Form der neuen Straßenschilder interessierte er sich. Im Prinzip ging man so vor: Große Boulevards und Verbindungsstraßen – natürlich Produkte der städtebaulichen Modernisierung der Kolonialzeit – wurden mit Namen versehen, die entweder auf den konfuzianischen Wertekanon verweisen oder auf die offizielle KMT-Ideologie. Zur letzten Gruppe gehört die Sun-Yat-sen-Straße (Zhongshan Lu), die es in jeder Stadt sowohl in Taiwan wie auch auf dem Festland gibt, denn der Landesvater wird beiderseits der Taiwanstraße verehrt. Außerdem die Drei-Volksprinzipien-Straße (Sanmin Lu), benannt nach Dr. Suns *Drei Volksprinzipien,* seiner intellektuell dürftigen, aber von der KMT zur Bibel erhobenen Blaupause für ein modernes China. Dass jedes der drei Prinzipien auch noch seine eigene Straße hat, versteht sich angesichts ihrer überragenden Bedeutung von selbst.

Auf den konfuzianischen Wertekanon verweist ein Bündel von parallel verlaufenden Boulevards, die die großen West-Ost-Adern von Taipei bilden. Zunächst die Acht-Tugenden-Straße (Bade Lu), dann vier Straßen, in deren Namen jeweils zwei der acht Tugenden auftauchen: Friede und Harmonie (Heping Lu), Vertrauen und Aufrichtigkeit (Xinyi Lu), Mitmenschlichkeit und Liebe (Ren'ai Lu) sowie Loyalität und Pietät (Zhongxiao Lu). Aufzählen und Ordnen ist ein urkonfuzianischer Fetisch, auf diese Weise bannen Gelehrte seit dreitausend Jahren ihre Angst vor dem Chaos. Herausgehoben aus dem Tugendbündel sind Mitmenschlichkeit und Liebe, die achtspurig die Verbindung zwischen Präsidentenpalast und City Hall schaffen. Manchmal herrscht dort ein solcher Gefühlsstau, dass man nur im Schritttempo vorankommt.

Eingezeichnet in dieses ideologische Raster sind unzählige kleinere Straßen, die die Namen chinesischer Städte, Provinzen und Landschaften tragen und deren Anordnung sich lose an der Geografie orientiert. Finden Sie sich auf einem Spaziergang also in der Chengdu-Straße wieder, müssen Sie nur wissen, dass Chengdu die Hauptstadt der Provinz Sichuan ist, die im äußersten Westen des chinesischen Kernlands liegt, um haarscharf zu folgern, dass Sie sich im Westen von Taipei befinden. Genauer gesagt, sind Sie in Ximending, dem alten Amüsierviertel um das längst abgerissene Westtor (Ximen) herum. Hier allerdings waren entweder die Ideologen nachlässig, oder es hat sich die Gewohnheit der trägen Volksmasse durchgesetzt, denn die Endung *-ding* (jap. *chō)* ist ein kolonialzeitliches Überbleibsel, ein Relikt der japanischen Art, kleinere Nachbarschaften im Häusermeer großer Städte zu benennen.

Meine Frau und ich wohnen übrigens in der Tigerwald-Straße (Hulin Jie). In Taiwan gibt es keine Tiger, folglich auch keinen Tigerwald, wir müssen nach China schauen und werden in der ehemaligen Mandschurei fündig. Die dortigen Tiger habe ich vor zwanzig Jahren auf einer Reise mit eigenen Augen gesehen. Prächtige Tiere, die mit dem Ziel gezüchtet wurden, sie eines Tages in den dünn besiedelten Weiten des Nordostens auszusetzen. Die Methode, mit der man sie auf das Leben in freier Wildbahn vorbereitete, fand ich allerdings fragwürdig. Touristen wurden in vergitterten Bussen über das Gelände gefahren und konnten lebendes Futter kaufen (Hühner, Gänse etc. – für Tiger eher ein Snack), um es aus der Dachluke zu werfen. Die Tiere hatten die Lektion natürlich längst verinnerlicht und trotteten geduldig hinter den Bussen her, bis ihnen die nächste Mahlzeit buchstäblich vor die Pranken fiel. Ich erwähne das, falls Sie vorhaben, von Taiwan aus die Mandschurei zu besuchen. Meiden Sie entlegene Bushaltestellen! Tiger sind kluge Tiere, und sie wissen: Essen kommt auf Rädern.

Falls Sie sich in Taipei in einer ideologisch unverfänglichen Straße wie etwa der Pinien-Straße wiederfinden, dürfen Sie folgern, dass Sie ins neue Stadtviertel in der Nachbarschaft des 101-Hochhauses gelangt sind. Als man dessen Straßen benannt hat, war die Diktatur bereits Geschichte. Wer eine der sündhaft teuren Wohnungen kauft, stammt aber in der Regel nicht aus Taipei, denn Hauptstadtbewohner wissen, dass sich hier früher die Hinrichtungsstätte befunden hat, und die Geister der Toten treiben noch immer ihr Unwesen.

Vom chinesischen zum japanischen Kaiserreich

Taipei hat zwar eine wechselvolle Geschichte, aber es ist keine alte Stadt. Traditionell lag das politische und wirtschaftliche Zentrum im Süden der Insel, in der heutigen Stadt Tainan. Die Verlagerung nach Taipei – wörtlich »Norden Taiwans« – erfolgte erst spät im 19. Jahrhundert, als der Kaiserhof in Peking die Insel stärker in die eigene Verwaltung einzubinden begann. Damals gab es im heutigen Stadtgebiet zwei chinesische Siedlungen, die beide am östlichen Ufer des Danshui-Flusses lagen. Mengjia (heute Wanhua) und Dadaocheng, der Reisdrescher-Bezirk, wurden von verfeindeten Clans bewohnt, und um keine Seite vor den Kopf zu stoßen, platzierte man die neue Provinzhauptstadt einfach zwischen ihnen. Es entstand eine ummauerte Siedlung mit ursprünglich fünf Toren und den üblichen Insignien der Macht: dem Amtssitz des Gouverneurs, einer Halle für die Beamtenprüfungen und einem Konfuziustempel. Kaum war all das errichtet, verlor das chinesische Kaiserreich 1895 den Krieg gegen Japan, und es blieb dem Sieger vorbehalten, aus dem kleinen Städtchen Taipei-fu mit seinen wenigen Tausend Bewohnern eine moderne Metropole zu machen.

In der Kolonialzeit hieß die Hauptstadt Taihoku, das sind dieselben beiden Schriftzeichen wie Taipei *(tai-bei),* nur in japanischer Lesung. Als weltweit erste Kolonie einer nicht westlichen Nation hatte Taiwan für die Japaner Modellcharakter, hier sollte der Beweis erbracht werden, dass ihr Kolonialismus dem westlichen überlegen war, weil sie ihre Besitzungen entwickelten, statt sie nur auszubeuten. Der Erfolg, den sie damit hatten, befeuerte das spätere Vorhaben, weite Teile Südostasiens an den Segnungen der japanischen Herrschaft teilhaben zu lassen – mit den bekannten Folgen, die noch immer die politischen Beziehungen in der Region belasten. Taiwan war vor allem als Rohstofflieferant fürs Mutterland gedacht, es ging um die Edelhölzer des Zentralmassivs, Gold- und Kupfervorkommen im Norden, die fruchtbaren Ebenen des Südens (geeignet für den Anbau von Reis, Tabak, Zuckerrohr und Südfrüchten) sowie um die Teeproduktion. Zunächst jedoch musste eine moderne Infrastruktur aufgebaut werden. Seit der Meiji-Restoration von 1868 verfolgte Japan ein historisch beispielloses Modernisierungsprogramm, das nun auf die neue Besitzung ausgeweitet wurde.

Für solch ambitionierte Pläne war die bisherige Anlage von Taihoku ungeeignet. Nicht chinesische Provinzstädte, sondern städtebaulich runderneuerte Metropolen wie Berlin und Paris dienten den Japanern als Vorbild. Als moderne Hauptstadt sollte Taihoku nicht bloß zweckdienlich, sondern auch repräsentativ sein, und dazu brauchte man Platz, also hieß es als Erstes: Weg mit der Stadtmauer! Diese wich offenen dreispurigen Boulevards, *Sansenro* genannt, die sich heute noch identifizieren lassen, zum Beispiel im Abschnitt der südlichen Sun Yat-sen-Straße (Zhongshan Nanlu) zwischen Nationalbibliothek und Chiang Kai-shek Memorial: drei breite asphaltierte Schneisen und dazwischen erhöhte, baumbestandene Grünstreifen.

Auch das traditionelle Verwaltungsgebäude *(yamen)* des chinesischen Gouverneurs wurde gewogen und für zu leicht befunden. Der neue Amtssitz des japanischen Generalgouverneurs entstand als Mixtur aus neoklassischen und barocken Elementen mit einer Prise Renaissance-Architektur. Mit seinen elf Stockwerken blieb der Turm für lange Zeit das höchste Gebäude der Insel, in dem bis heute der taiwanische Präsident bzw. die Präsidentin regiert. 1919 vollendet, schaute der Bau nach Osten in die aufgehende Sonne Japans und auf die neuen Wohnviertel, die vor den Toren der früheren chinesischen Stadt entstanden waren. Dort lebte die wachsende koloniale Beamtenschaft.

Auch aus anderen Gründen war 1919 ein wichtiges Jahr für die Kolonie. Bis dahin hatten Japaner und Einheimische in einer Art Apartheid avant la lettre gelebt, nun wurde eine ganze Reihe folgenreicher Reformen eingeleitet. Schrittweise Assimilierung lautete das Credo des ersten zivilen Generalgouverneurs. Das öffentliche Schulsystem mit der Unterrichtssprache Japanisch wurde ausgeweitet, die chinesischen Privatschulen verschwanden ebenso wie das Verbot von gemischten Ehen. So begann im Alltag eine fortschreitende Annäherung beider Bevölkerungsgruppen, aber natürlich blieben alle leitenden Positionen in japanischer Hand. Eine Historikerin hat es so auf den Punkt gebracht: Taiwaner sollten lernen, wie Japaner zu leben – keinesfalls jedoch sollten sie sich einbilden, Japaner zu *sein*.

Noch etwas Folgenreiches geschah in diesem Jahr, allerdings nicht in Taiwan, sondern in China: Proteste gegen die Missachtung chinesischer Interessen auf der Friedenskonferenz von Versailles wuchsen sich zur sogenannten Bewegung des 4. Mai aus, von der wir heute wissen, dass sie ein Meilenstein in der Entwicklung des chinesischen Nationalbewusstseins war (den nächsten noch wichtigeren Meilenstein bildete der knapp zwanzig Jahre später ausbrechende Krieg gegen Japan). Wenngleich China und Taiwan also bereits seit 1895 getrennte politische Gebilde darstellten und es seit der Revolution von 1911 das Kaiserreich nicht mehr gab, zu dem die Insel einmal gehört hatte, setzten sich erst jetzt beiderseits der Taiwanstraße tiefgreifende soziale Veränderungen durch, die sicherstellten, dass die vermeintlichen Landsleute einander nach 1945 in vollkommener Fremdheit wiederbegegnen würden.

In Taiwan wurde das chinesische Erbe fortan systematisch zurückgedrängt. Mit der Schließung der traditionellen Privatschulen *(shufang)* kappten die Japaner die Nabelschnur der konfuzianischen Überlieferung. Anfangs hatte die einheimische Oberschicht ihren Nachwuchs noch in solche Einrichtungen mit ihrem altbewährten Curriculum geschickt, aber nach und nach war das Interesse zurückgegangen. Konfuzianische Erziehung bedeutet seit jeher eher Charakterbildung als Wissensvermittlung, was bei der Jobsuche in einem sich rapide modernisierenden Umfeld wenig half. Das koloniale Taiwan brauchte einheimische Techniker, die Japanisch konnten, keine gelehrten Gentlemen, die die *Gespräche des Konfuzius* auswendig kannten.

In Zeiten der Assimilierung profitierten auch Taiwaner vom steigenden Wohlstand, aber Gleichberechtigung herrschte nicht. Weiterführende Schulen blieben fast ausschließlich den Sprösslingen der kolonialen Elite vorbehalten. Begründet wurde das mit den schlechteren Sprachkenntnissen der Einheimischen, aber je mehr diese aufholten, desto größer wurde bei den Japanern die Angst vor Konkurrenz auf dem Arbeitsmarkt. Wohlhabende taiwanische Familien gingen dazu über, ihre Söhne – ganz selten eine Tochter – ins japanische Mutterland zu schicken, wo das Bildungssystem weniger diskriminierend war. Die einzige akademische Disziplin, zu der Taiwaner von Anfang an ungehinderten Zugang hatten, war die Medizin, denn den Bedarf an Ärzten konnten die Japaner allein nicht decken. Eine allgemeine Schulpflicht für einheimische Kinder wurde erst 1943 eingeführt, aber auch dann nicht konsequent umgesetzt, was teils am Pazifikkrieg lag, teils am Fortleben traditioneller Denkweisen, in der sich Mädchenerziehung auf die Vorbereitung zur Ehe beschränkte.

Bolero und Bomben

Im Jahr 1930 hatte Taihoku etwa eine Viertelmillion Einwohner. Fotografien aus jener Zeit zeigen ein modernes, vielfältiges Straßenbild. Man sieht Frauen in Kimonos und chinesischen Qipaos (bunte, eng geschnittene Seidenkleider), aber auch in westlichen Röcken und Blusen. Männer tragen mal Anzug und Krawatte, mal einen Yukata (ein Alltagskimono für beide Geschlechter) und japanische Holzsandalen. Da damals nur bei Tageslicht fotografiert werden konnte, sind Kinder meist in ihrer Schuluniform zu sehen. Auf den Straßen verkehren Fahrradrikschas, Busse und wenige Pkw, die Schilder der Geschäfte sind chinesisch oder japanisch, manchmal englisch. In den Wohngebieten für japanische Beamte dominieren einstöckige Holzhäuser, das einheimische Bürgertum in Dadaocheng und Wanhua bewohnt schmale dreistöckige Häuser aus Backstein, deren verzierte Fassaden man heute noch in den Gassen um die Dihua Jie sieht. Dort öffnete 1934 eins der ersten Restaurants für westliche Küche, das *Bolero,* das es inzwischen sogar zweimal gibt, ein in Taiwan häufiges Phänomen: Eltern vererben ihr Geschäft an zwei Söhne, die zerstreiten sich, und der jüngere gründet seinen eigenen Ableger. Beide *Boleros* liegen direkt nebeneinander, und auf die Frage, welches das Stammhaus sei, habe ich in beiden dieselbe Antwort erhalten: unseres!

Das öffentliche Zentrum von Taihoku lag in dem Gebiet, das heute eingerahmt wird vom Hauptbahnhof und den drei U-Bahn-Stationen Ximen (Westtor), Xiaonanmen (kleines Südtor) und NTU Hospital. Hier gab es moderne Cafés und Teehäuser, Boutiquen und Kinos, den ersten öffentlichen Park Taiwans und als Krönung ein siebenstöckiges Kaufhaus mit elektrischem Aufzug. Im Volksmund hießen die umliegenden Straßen die »Ginza von Taihoku«. Sie zogen ein einheimisches Publikum an, dessen Lebensgewohnheiten sich von denen der Kolonialherren kaum noch unterschieden. Das vierzigjährige Kolonialjubiläum wurde 1935 mit einer großen, ganz Taihoku umfassenden Ausstellung begangen. Im Rückblick ist man fast geneigt, vom Höhepunkt der kolonialen Epoche zu sprechen.

Ohne die Zäsur von 1945 wäre Taiwan heute vermutlich eine japanische Insel mit etwas anderen Wurzeln, ähnlich wie Okinawa. Der Krieg verhinderte das. Je mehr Japan sein militärisches Engagement in China ausweitete, desto stärker wurden die Bemühungen, Taiwaner zu loyalen Untertanen des *Tennō* zu erziehen. Die Assimilierungspolitik nahm diktatorische Züge an. Tempel wurden abgerissen und durch Shintō-Schreine ersetzt, chinesische Bücher und Zeitungen durften nicht länger erscheinen, Bürger sahen sich dazu gedrängt, japanische Familiennamen anzunehmen. Nach dem Überfall auf Pearl Harbor begann eine forcierte Rekrutierung für die kaiserliche Armee. Da man sich der Loyalität dieser angeblichen »Freiwilligen« nicht sicher sein konnte, wurden sie selten in China und häufiger in Versorgungs- als in Kampfeinheiten eingesetzt, aber irgendwann herrschte totaler Krieg, und man verlangte totale Opferbereitschaft. Für diesen Zusammenhang haben Historiker ebenfalls eine prägnante Formulierung gefunden: Früher sollten Taiwaner lernen, wie Japaner zu leben, nun mussten sie bereit sein, für Japan zu sterben.

Von den mehr als zweihunderttausend jungen Männern aus Taiwan, die in der japanischen Armee dienten, kehrten rund dreißigtausend nicht zurück. Die meisten von ihnen waren Ureinwohner. Außerdem wurden ein- bis zweitausend taiwanische »Trostfrauen« gezwungen, als Sexsklavinnen in japanischen Militärbordellen zu arbeiten. An ihr Schicksal erinnert heute ein eigenes Museum.

Gegen Ende des Pazifikkriegs wurde die Insel selbst zum Kriegsschauplatz. Meine Frau hat mir einmal erzählt, wie sie erstmals von den Luftangriffen hörte, denen Taiwan ab dem Herbst 1944 ausgesetzt war. Bei den schweren Bombardements am 31. Mai 1945 starben in Taihoku etwa dreitausend Menschen, unzählige Holzhäuser gingen in Flammen auf. Geflogen wurden die Angriffe natürlich von den Amerikanern, aber meine Frau ging in den 1980er-Jahren zur Schule, als die USA Taiwans wichtigster Verbündeter waren, weshalb Schülerinnen und Schüler von diesem Kapitel der Vergangenheit nichts erfahren sollten. Im Geschichtsunterricht kamen die Luftangriffe nicht vor. Als meine Frau trotzdem davon hörte, folgerte sie reflexhaft: Das müssen die Japaner gewesen sein! Besonders viel Sinn ergab das nicht – wer bombardiert seine eigene Kolonie? –, aber es zeigt die Wirksamkeit der KMT-Propaganda. Die Rolle des Bösewichts wurde grundsätzlich mit Japanern oder Kommunisten besetzt. Aus Sicht der damaligen Schülerin lautete die Frage eher: Warum hätten die Amerikaner das ihnen seit jeher so freundlich gesonnene Taiwan angreifen sollen?

Die Sache ist umso bemerkenswerter, wenn man bedenkt, dass meine Frau zur Taipei First Girls High School ging. Diese gilt als das beste Mädchengymnasium der Insel, jeder

Taiwaner kennt die Uniform aus grüner Bluse und schwarzem Rock, die einen sofort vermuten lässt, eine Tochter aus gutem Hause vor sich zu haben. Aber warum Grün und Schwarz, sind das nicht Tarnfarben? Doch. Auch diese Schule wurde in der Kolonialzeit gegründet und zeigte damals durch die Eins im Namen an, dass sie nur Japanerinnen offenstand. Sie lag in direkter Nachbarschaft zum Gouverneurspalast, auf den sich die alliierten Luftangriffe konzentrierten. Deshalb die ungewöhnliche Uniform. Einige Jahrzehnte später, als meine Frau sie trug, hatte die staatlich angeordnete Amnesie dafür gesorgt, dass sich solcher Ursprünge niemand erinnerte – oder wenn, dann nur im Stillen.

Diktatur und Demokratie: Der lange Marsch der Süßkartoffeln

Bisher haben wir Taipei erkundet, indem wir mühelos durch Raum und Zeit geschwebt sind; jetzt machen wir einen Spaziergang. Er beginnt auf dem riesigen gepflasterten Platz im Stadtzentrum von Taipei, den ich 1996 zum ersten Mal besucht habe und der so wichtig ist, dass er inzwischen gleich zwei Namen hat. Wenn Sie auf Ihren Stadtplan schauen, finden Sie dort dieselbe Bezeichnung wie an der nebenan gelegenen U-Bahn-Haltestelle: Chiang Kai-shek Memorial Hall. Heben Sie beim Betreten des Areals jedoch den Blick und betrachten das riesige Tor, lesen Sie Ziyou Guangchang, Platz der Freiheit. Vermutlich ahnen Sie bereits, dass auch hinter dieser Doppelung der Kampf um die politische Identität der Insel steht.

Am Ende des Platzes thront die Gedächtnishalle für Chiang Kai-shek, die dem Ensemble seinen ursprünglichen Namen gegeben hat. Stufen führen hinauf zur Bronzestatue des sitzenden Diktators. Die Ausstellung in den unteren Räumen, die mich 1996 ob ihrer unverfrorenen Geschichtsklitterung erstaunt hat, wurde inzwischen ein wenig der Realität angenähert, aber schönfärberisch muss man sie immer noch nennen. Seit jeher glich das Verhältnis der KMT zur historischen Wahrheit eher einer Liebschaft als einer Ehe – gelegentliche Treffen, ja, aber bitte keine Treuepflicht! Wir werden die Ausstellung einfach ignorieren.

Auf dem Tor mit dem Schriftzug »Platz der Freiheit« stand bei meinem ersten Besuch noch der Ehrenname von Chiang Kai-shek, nach dem das gesamte Viertel benannt ist: Zhongzheng, grob zu übersetzen als »Mitte und Maß«, die Kardinaltugenden aller ordentlichen Despoten. Hinter dem Tor, das heißt, jenseits der Straße, die den Verlauf der alten Stadtmauer markiert, erhebt sich die Nationalbibliothek. Hinter einem der winzigen Fenster im sechsten Stock saß ich 2005 für ein halbes Jahr und vertiefte mich in die Schriften eines Philosophen namens Mou Zongsan. Zwischendurch sah ich von meiner Lektüre auf und schaute über den Platz, auf dem wir jetzt stehen, ohne zu ahnen, dass zwei Jahre später ein ins Groteske ausartender Streit um dessen angemessene Bezeichnung ausbrechen würde.

Aufruhr in den heiligen Hallen

Sie erinnern sich an Chen Shui-bian? Dem Bürgerrechtler im Präsidentenamt war es natürlich ein Dorn im Auge, dass mitten im Stadtzentrum von Taipei jenes Mannes gedacht wurde, der Taiwan jahrzehntelang diktatorisch regiert hatte. Zu dieser Zeit gab es auf der Insel etwa 4500 Statuen von Chiang Kai-shek, und falls Sie jetzt überlegen, ob das viel oder wenig ist, orientieren Sie sich an dieser Zahl: Auf dem Höhepunkt des Bismarck-Kults um 1914 standen im ungleich größeren Deutschen Reich rund 500 Statuen des Eisernen

Kanzlers. Wie bereits erwähnt, hatte Chen Shui-bian der kurzen Straße vor dem Präsidentenpalast schon als Bürgermeister einen Namen gegeben, der an das Ureinwohnervolk erinnerte, das die Gegend vor den ersten chinesischen Siedlern bewohnt hatte. Nun sollte es dem Herzstück des Personenkults um den toten Diktator an den Kragen gehen. Dass Chen bis 2007, also bis kurz vor Ende seiner zweiten Amtszeit, wartete, ehe er den Dorn in seinem Auge zu beseitigen versuchte, verrät den Widerstand, mit dem er rechnete. Er sollte nicht enttäuscht werden.

Die Pagode mit der Bronzestatue wurde umbenannt in »Gedächtnishalle der taiwanischen Demokratie«. Um die Statue herum schwebten auf einmal allerlei Artefakte, die nichts mit Chiang Kai-shek zu tun hatten, sondern wiederum an die Ureinwohner und also an Taiwans vorchinesische Geschichte erinnerten. Kanus, Masken und Papiervögel hingen an Seilen von der Decke, auf Fotowänden wurde der lange Kampf um eine demokratische Gesellschaft dokumentiert, die Bronzefigur in der Mitte war nur noch ein Ausstellungsstück von vielen. Ich habe die Halle damals besucht und gedacht, dass die Aktion mehr sichtbar macht als die politischen Bruchstellen, die Taiwans Gesellschaft durchziehen: Auch die Unterschiede in Stil- und Kulturfragen waren plötzlich wie mit Händen zu greifen.

Die KMT ist eine alte Partei, geprägt vom heiligen Ernst ihrer Mission und erschöpft von deren letztendlichem Scheitern. Sie hat das Kaiserreich gestürzt und China zum Nationalstaat gemacht, unter gewaltigen Opfern hat sie die japanische Invasion zurückgeschlagen und versucht, aus dem Chaos der Kriegsjahre eine neue Ordnung entstehen zu lassen, aber mit Demokratie hatte sie traditionell wenig am Hut. Ihr Auftreten war elitär und männerdominiert, die Organisation leninistisch, und ihr bürokratischer Apparat agiert gelegentlich heute noch so, als betrachtete er eine Wahl als Störung im Betriebsablauf. Wozu das Volk fragen? Beruht die Legitimität einer Regierung nicht darauf, es besser zu wissen als die ungebildeten Massen? Wer Chiang Kai-sheks Tagebücher gelesen hat, kennt die kalte Verachtung, mit der er das kommunistische Bauernheer betrachtete, diese Kartoffelköpfe, die im Namen des Volkes einer jahrtausendealten Überlieferung den Garaus machen wollten. Das Volk hat zu gehorchen, verdammt!

Von den kommunistischen Kartoffelköpfen wurde die KMT schließlich davongejagt. Vom riesigen Reich, das ihr gehört hatte, blieb eine winzige Insel von der Form einer Süßkartoffel. Die propagandistische Mär von der »Rückeroberung des Festlands« hing noch an den Hauswänden, als längst niemand mehr daran glaubte; weder in Washington, wo man es zusehends peinlich fand, als Schirmherr der KMT-Diktatur zu dienen, noch in Taipei selbst. 1975 nahm Chiang Kai-shek seinen Traum von der Rückeroberung mit ins Grab, und wo einst sein geschlagenes Heer gehaust hatte – natürlich in früheren japanischen Baracken –, entstand das Memorial, das ihn so zeigt, wie er sich sehen wollte: als weitsichtigen Feldherrn und weisen Staatsmann. Jahrzehntelang umgab den Ort die Aura einer religiösen Weihestätte. In voller Montur und Gewehr bei Fuß hielt eine Ehrengarde Wache, Schilder forderten Besucher auf, mit leiser Stimme zu sprechen.

Dann, im Jahr 2007, kamen die Süßkartoffelköpfe und entweihten den Ort! Auf einmal sah es in der heiligen Halle aus wie in einer Kita: bunt und verspielt, alles selbst gebastelt. Die junge taiwanische Demokratie als Wimmelbild. Die KMT fand das Schauspiel so, wie alternde Professoren die Aktionen einer studentischen Spaßguerilla finden würden: geschmack- und respektlos.

Schon bei Chen Shui-bians Wahl im Jahr 2000 hatte man ob der hysterischen Reaktionen seiner Gegner den Eindruck bekommen können, diese durchlebten ein historisches Trauma zum zweiten Mal. Als wären nun auch ihre Tage auf der kleinen Insel gezählt, als hätte sich das nächste Bauernheer erhoben, um sie ins Meer zu jagen. Wer hatte denn für Wohlstand und stabile Verhältnisse in Taiwan gesorgt? Doch wohl kaum der Betelnuss kauende Abschaum aus dem Süden! Statt dankbar zu sein, lehnten diese Leute sich auf, und statt zuzugeben, dass auch sie einst vom Festland eingewandert waren und also chinesisches Blut in ihren Adern floss, sahen sie dreist auf alles Chinesische herab. Sprachen von Weißem Terror und träumten von der Unabhängigkeit. Die KMT-treue Presse bekam kollektive Schnappatmung. Wer es nicht besser wusste, musste glauben, es habe sich keine demokratische Wahl ereignet, sondern ein Putsch.

Als am westlichen Ende des Areals die Kalligrafie mit dem Ehrennamen Zhongzheng verschwand und durch die Bezeichnung »Platz der Freiheit« ersetzt wurde, riss den Anhängern des toten Diktators der Geduldsfaden. Monatelang lieferten sie sich ein Katz-und-Maus-Spiel mit der gegnerischen Seite, in nächtlichen Aktionen wurden Namensschilder ab- und wieder anmontiert, es kam zu handgreiflichen Auseinandersetzungen, bis die Polizei das Gelände schließlich absperrte. Nebenbei stritten der KMT-Bürgermeister und der Präsident darum, ob es sich beim Memorial um ein städtisches oder ein staatliches Monument handelte, wem es also unterstand und wer über den Namen befinden durfte. Einigen konnten sie sich nicht. Im Jahr darauf eroberte die KMT den Präsidentenpalast zurück und machte die Namensänderung der Gedächtnishalle sofort rückgängig, aber siehe da: Die neue Kalligrafie am großen Tor ließ sie bestehen, was damals nicht nur mich überrascht hat. Scheute sie sich, der Freiheit ihren jüngst eroberten Platz zu rauben, und sei es nur symbolisch?

Jedenfalls hat der Ort heute zwei Namen, und jeder kann den benutzen, den er bevorzugt. Im öffentlichen Bewusstsein scheint »Platz der Freiheit« allerdings noch nicht verwurzelt zu sein. Als ich mehrere Jahre nach dem großen Streit die Probe aufs Exempel mache und einen Taxifahrer in meinem – mit Verlaub: ziemlich guten – Chinesisch bitte, mich zum Ziyou Guangchang zu fahren, dreht er sich um und schüttelt bedauernd den Kopf: »Sorry. No speak English.« Es mag aber sein, dass ich einfach nicht so aussehe, als hätte ich gerade Chinesisch gesprochen …

Die Kunst der historischen Schönheitschirurgie

Bevor wir weitergehen, werfen wir einen letzten Blick über das Gelände und lassen es auf uns wirken. Der Platz vor dem Memorial ist riesengroß und ziemlich leer, so wie Autokraten ihr Stadtzentrum lieben. Augenblicklich wünscht man sich eine Militärparade herbei, damit ein bisschen Leben in die Bude kommt. Steht man hier, erfüllt man fast automatisch die erste Bürgerpflicht des unfreien Subjekts: Man fühlt sich machtlos und allein.

Sollte man jedenfalls. Taiwaner allerdings sind gegen Einschüchterungsarchitektur immun, also bestimmen nicht militärische Märsche, sondern schnellere Beats den Rhythmus auf dem Platz. Die seitlichen Glasfassaden an Konzerthalle und Theater werden tagsüber zu riesigen Spiegeln, und davor versammeln sich Scharen von SchülerInnen und tanzen. In sorgfältig einstudierter Choreografie in Gruppen zu tanzen ist eine in Taiwan weitverbreitete Freizeitbeschäftigung, außer mir tut es fast jeder. Die Damen im Park neben meiner Wohnung brauchen dazu keine Spiegel, aber junge Leute müssen sich ihres Star-Appeals optisch vergewissern, also kommen sie jeden Nachmittag her und füllen das Areal mit Leben. So etwas dürften die Planer kaum im Sinn gehabt haben, als sie der Stadt das überdimensionierte Gelände aufzwangen, aber da sich die tänzerischen Aktivitäten auf die seitlichen Ränder beschränken, schaut Chiang Kai-shek von seinem Platz aus weiterhin auf eine freie Fläche und kann ungestört von der Rückeroberung des Festlands träumen.

Lassen wir ihn dabei allein.

An der dreispurigen Straße, die nach Sun Yat-sen benannt ist, aber aus der Kolonialzeit stammt, wenden wir uns nach rechts und stehen vor einem noch älteren Relikt: dem Osttor, einem der fünf qingzeitlichen Stadttore, von denen die Japaner drei stehen ließen. Heute thront es im Zentrum eines viel befahrenen Kreisverkehrs und ist für Fußgänger unerreichbar. Ursprünglich hieß es Jingfumen, das »Tor der glücklichen Umstände« (nicht im Sinne von schwanger, sondern von reich). Bunt verziert, ruht es auf einem Steinsockel mit Torbogen und hat das weit ausladende schwingende Dach, das Touristen sofort als typisch chinesisch erkennen. Der Fachmann weiß es genauer und hat mir verraten, dass man die Bauweise als nördlichen Palaststil bezeichnet, bevorzugt anzutreffen in der »Nördlichen Hauptstadt« Peking. Interessanterweise besteht die Hauptaufgabe des Tores seit den 1960er-Jahren in nichts anderem als darin, typisch chinesisch auszusehen – um diese besser zu erfüllen, bekam es seinerzeit ein neues Gesicht verpasst.

Ursprünglich waren die Stadttore von Taipei nämlich nicht im nördlichen Palaststil erbaut worden, sondern wesentlich schlichter. Heute zeugt davon nur noch das Nordtor, das einen Kilometer entfernt so dicht an der Brücke der Zhongxiao West Road steht, dass man im Vorbeifahren auf sein Dach spucken könnte. Offenbar dachten sich die Stadtplaner, dass in diesem Fall eine Verschönerung nichts bringt, aber das Osttor und das kleine Südtor wurden mit Schnitzwerk und schwingenden Dächern ausgestattet, um »das Aussehen der Stadt im Einklang mit den Erfordernissen des Tourismus zu verbessern«, so eine damalige Direktive. Wer von sich behauptete, das bessere China zu sein, dessen Hauptstadt musste auch chinesisch aussehen. Wobei mein Verdacht lautet, dass es weniger um das Auge der Touristen ging, die in jenen Jahren in geringer Zahl nach Taiwan kamen, und mehr um den Teil der Bevölkerung, der japanisch erzogen war und vielleicht vergessen hatte, wie ein ordentliches chinesisches Stadttor aussieht.

Also wurde nachgebessert. Es ist eines von vielen Beispielen für die Anstrengungen, die die KMT unternahm, um eine ihr fremde Bevölkerung davon zu überzeugen, dass ihre wahre Heimat hinter einem Meer lag, das die meisten noch nie überquert hatten. Meine Frau erinnert sich gut an ihren früheren Geografieunterricht, in dem sie lernen musste, wie man mit dem Zug von Shenyang hoch im Norden nach Guangzhou ganz im Süden Chinas fährt. Die Lektion war nicht unmittelbar anwendungsorientiert; erstens durften Taiwaner damals gar nicht nach China reisen, und zweitens stammten die Fahrpläne aus den 1930er-Jahren, aktuellere kannte ja niemand. »Unser Geografieunterricht war Geschichte, der Geschichtsunterricht Mythologie«, lautet ihr treffendes Fazit. In der Volksrepublik ist sie bis heute nicht gewesen.

Dr. Guo hat Wut im Bauch

Wir überqueren die Straße und betreten einen der wichtigsten Orte der taiwanischen Erinnerungskultur, nämlich den 228-Friedenspark. Jedes Mal, wenn ich ihn besuche, denke ich unwillkürlich an meinen ehemaligen Vermieter Dr. Guo. 2005 habe ich für sechs Monate in der Gegend am Westtor gewohnt und auf dem täglichen Weg zur Nationalbibliothek diesen Park durchquert. Meine Unterkunft befand sich in einem Haus, das einmal ein Hotel gewesen sein musste, darauf deutete jedenfalls die Anordnung der Flure und Zimmer. Im Erdgeschoss, zwischen Unrat, der sich bis zur Decke stapelte, lebte der Hausbesitzer Dr. Guo.

Wer ihm gegenüberstand, hätte nicht vermutet, einen ehemaligen Regierungsbeamten vor sich zu haben, der an einer japanischen Hochschule in Jura promoviert hatte. Dr. Guo sah aus wie ein Clochard. Er kleidete sich so, sprach so, und abgesehen davon, dass er eine feste Adresse hatte, wohnte er auch so. Dass er einen Cadillac fuhr, lernte ich erst später. Als ich den Mitarbeitern, die mich an der Nationalbibliothek betreuten, meine Adresse mitteilte, wollten sie mir zuerst nicht glauben. Auf Einladung des Hausherrn hatten sie die Unterkunft inspiziert und entschieden, dass sie für ausländische Gäste unzumutbar war. In der Tat hatte ich vor dem Einzug drei Tage lang putzen müssen, aber die Miete war niedrig und die Lage ideal. Ein halbes Jahr werde ich es aushalten, dachte ich.

Dr. Guo, der ausschließlich Englisch mit mir sprach, ließ mich wissen, dass er nur »high-quality tenants« akzeptiere. Offenbar sollte ich mich glücklich schätzen, von ihm als Mieter akzeptiert worden zu sein. Fast alle Hausbewohner waren ausländische Männer, meist Amerikaner, die als Sprachlehrer jobbten und abends spät nach Hause kamen, selten allein.

Hörte ich nachts spitze Schreie, wusste ich nie, ob sie Sex mit ihren Begleiterinnen hatten oder ob diese im Bad einer Ratte begegnet waren. Als ich selbst zum ersten Mal eine Ratte sah, und zwar auf meinem Esstisch, den sie genau zu diesem Zweck benutzte, stürmte ich hinab zu Dr. Guo, um mich zu beschweren.

»War sie fett?«, fragte er, wie üblich nur Unterhemd und Unterhose tragend (an besonders heißen Tagen ließ er das Unterhemd weg). Hinter ihm war der schmale Durchgang zu erkennen, der zwischen Zeitungsstapeln, Kartons und prall gefüllten Müllsäcken in die Wohnung führte.

»Ziemlich fett«, sagte ich.

»Das ist gut«, nickte er. »Die kleinen, ausgehungerten sind viel schlimmer.«

Sprach's und kehrte in seine Höhle zurück.

Ich erwähne Dr. Guo hier, weil er der erste Taiwaner war, der mir ein Gespür für den tiefen Graben vermittelte, der sich durch die hiesige Gesellschaft zieht. Da ich aus Deutschland kam und einen Doktortitel besaß, behandelte er mich meistens freundlich, gelegentlich klopfte er abends an meine Zimmertür und brüllte: »Wir gehen Sashimi essen. Jetzt!« Dann führte er mich in ein Restaurant in der Nähe des Hauses, und dort redete er. Genauer gesagt schimpfte er, und zwar auf die KMT und in einer Lautstärke, die mich hoffen ließ, dass am Nebentisch kein Anhänger dieser Partei saß, der Dr. Guos holpriges, aber kraftvolles Englisch verstand.

Er hatte sich in der KMT-Administration weit nach oben gearbeitet. Wenn ich mich richtig erinnere, war er zwischenzeitlich Büroleiter des Parlamentspräsidenten, aber das kann ich nicht mehr mit Sicherheit behaupten. Seine Visitenkarte war knallgelb und führte eine ganze Reihe früherer Posten auf. Im Ruhestand – ein ungeeignetes Wort, um seinen Zustand zu beschreiben, denn er war nie ruhig – hätte er allen Grund gehabt, zufrieden auf seine Laufbahn zurückzublicken, aber beim Zuhören spürte ich, wie es in ihm brodelte. Ohne Unterlass fluchte er auf das Umfeld, in dem er sein gesamtes Berufsleben verbracht hatte. Warum? Es muss damit zu tun gehabt haben, dass er kein Festländer, sondern Taiwaner war und in einem Milieu Karriere gemacht hatte, das auf seinesgleichen herabblickte. Auf mich jedenfalls machte er den Eindruck eines Mannes, der sein Leben lang Dreck gefressen hat. Leider war es, wenn er in Schwung geriet, unmöglich, ihn durch Fragen zu unterbrechen. Ich konnte nur Sashimi essen und zuhören.

Was aus ihm geworden ist, weiß ich nicht. In die Gegend am Westtor komme ich nur noch selten, und beim letzten Besuch war das Haus eingezäunt und bereit für den Abriss. Der Unterkunft trauere ich nicht nach, aber von Dr. Guo habe ich einiges über meine Wahlheimat gelernt. Der touristische Blick, der sich auf Äußerlichkeiten richtet und an Fassaden erfreut, ist in Taiwan noch mehr als anderswo dazu verurteilt, etwas Wesentliches zu übersehen.

Bastarde im Neuen Park

Öffentliche Parks, die allen BürgerInnen offen stehen und ihrer Erholung dienen, sind eine westliche Erfindung. In Ostasien kannte man jahrhundertelang nur private Gärten, zu denen das gemeine Volk keinen Zutritt hatte. Als die Japaner das neue Konzept nach Taiwan importierten, nannten sie das Gelände, in dem wir uns jetzt befinden, also mit gutem Grund »Neuer Park«. In meinen Augen ist er das beste Beispiel dafür, wie politische Gezeitenwechsel in Taiwan öffentliche Räume immer wieder umdeuten und neu gestalten und wie die meisten Bewohner der Insel sich um offizielle Zuschreibungen nicht kümmern, sondern einen Ort nutzen, wie es ihnen passt.

Dass er aus der Kolonialzeit stammt, sieht man dem Park schon lange nicht mehr an. Das Baseballfeld, das es hier früher gab, musste einem Teich mit chinesischer Pagode weichen, die natürlich im nördlichen Palaststil gehalten ist. Die Umwandlung des Parks in eine »typisch chinesische« Anlage erfolgte in den frühen 1960er-Jahren, als auch der kosmetische Eingriff am Osttor vorgenommen wurde. Wo einmal die Statue von Gotō Shimpei stand, einem wichtigen Kolonialpolitiker, der in Berlin und München studiert hatte, befindet sich seit 1997 das Denkmal für die Opfer der 228-Unruhen (dazu gleich mehr). Außerdem ist der Park ein beliebter Treffpunkt der städtischen Schwulenszene, allerdings erst nach Sonnenuntergang.

Um mit der letzteren, inoffiziellen Nutzung des Geländes zu beginnen: 1983 erschien ein Roman, der in den Sechzigerjahren spielt und die nächtlichen Aktivitäten im Park, von denen man sonst hinter vorgehaltener Hand sprach, freizügig ins Zentrum rückte. Das verursachte einen Skandal und warf die Frage auf, wie ein solches Buch durch die strenge Zensur des Regimes hatte schlüpfen können. In der erstaunlichen Tatsache, dass der Verfasser, Pai Hsien-yung, der Sohn eines berühmten KMT-Generals war, dürfte zumindest ein Teil der Antwort liegen. 1995 kam die deutsche Übersetzung unter dem idyllischen Titel *Treffpunkt Lotussee* heraus, damit ist der Teich mit der chinesischen Pagode gemeint. Der Originaltitel *Niezi* (Bastarde) klang dem Verlag wohl zu hart.

Von Pai Hsien-yung gibt es außerdem eine Sammlung von Erzählungen, die bereits 1971 unter dem Titel *Taipei Ren* (Menschen in Taipei) erschienen war und heute als Klassiker gilt. Alle Geschichten spielen im Milieu der Festländer, die nach dem Bürgerkrieg nach Taiwan flohen und zeitlebens nicht über den Verlust ihrer Heimat hinwegkamen – so wie der Mann, der mir einmal Hitlers größten Fehler erklärt hat. Wer verstehen will, wie verloren sich diese Menschen fühlten, als sie in den späten 1940er-Jahren hier strandeten, und warum viele von ihnen diese Verlorenheit niemals abschütteln konnten, findet kaum einen aufschlussreicheren Text. Wer es lieber akademisch mag, lese Mahlon Meyers Studie *Remembering China from Taiwan*.

228 und die Vorgeschichte

Nun aber zur offiziellen Bedeutung des heutigen Parks: Das Kürzel 228 steht für den 28. Februar 1947. In dieser Weise – Monat/Tag – werden alle wichtigen Daten der modernen chinesischen und taiwanischen Geschichte erinnert. Um welches Jahr es geht, muss man wissen. Ohne Zweifel handelt es sich bei 228 um eins der bedeutsamsten Ereignisse der taiwanischen Nachkriegszeit, mindestens so wichtig wie die Aufhebung des Kriegsrechts 1987, die erste freie Präsidentschaftswahl 1996 oder der erste demokratische Machtwechsel 2000 – ohne den Rekurs auf 228 lässt sich nicht verstehen, was Taiwan heute für ein Land ist. Punkt.

Für ein Ereignis von solcher Tragweite begann es unscheinbar genug. Am Abend des 27. Februar 1947 wollten Agenten des Monopolamts in Taipei eine Frau verhaften, die illegal Zigaretten verkaufte. Sie wehrte sich, wurde geschlagen, einige Passanten eilten ihr zu Hilfe, und es kam zum Handgemenge. Dabei löste sich aus der Waffe eines Agenten ein Schuss. Ein Passant blieb verletzt auf der Straße liegen, als die Männer schließlich flohen, er starb am nächsten Tag. Das Ganze geschah vor einem bekannten Teehaus/Theater in dem fast ausschließlich von Taiwanern bewohnten Bezirk

Dadaocheng. Die Frau und der Tote waren in der Tat Einheimische, die Agenten stammten vom Festland.

Am 28. Februar kam es zu Protesten aufgebrachter Bürger, die das Monopolamt stürmten und zum Amtssitz des Generalgouverneurs Chen Yi zogen, um eine Bestrafung der Täter vom Vorabend zu fordern. Die Stimmung war aufgeheizt. Ein Beamter des Monopolamts wurde vom Mob erschlagen, und mehrere Demonstranten starben, als Soldaten wahllos in die Menge schossen.

In den folgenden Tagen blieb die Lage angespannt. In Taipei und anderswo kam es zu gewalttätigen Angriffen auf unbeteiligte Festländer, die sich daraufhin in ihren Häusern verbarrikadierten oder in Militärbaracken Schutz suchten. Häufiger jedoch ging die Gewalt von KMT-Truppen aus, die nachts durch die Straßen zogen und auf alles schossen, was sich bewegte. US-Diplomat George Kerr war Augenzeuge der Vorgänge und hat seine Beobachtungen in dem immer noch lesenswerten Buch *Formosa Betrayed* festgehalten. Demnach ebbte die von Taiwanern ausgeübte Gewalt bald ab, und der Protest nahm zivile Züge an. Komitees wurden gegründet und Petitionen an Gouverneur Chen Yi gerichtet, der die Ereignisse aufklären und die Schuldigen zur Rechenschaft ziehen sollte. Zunächst – und wie sich zeigen sollte, zum Schein – ging Chen Yi auf die Forderungen ein. Für ihn wie für viele andere Festländer kamen die Vorgänge einem Staatsstreich nahe, aber er wusste, dass er ohne militärische Verstärkung nicht in der Lage sein würde, die Situation unter Kontrolle zu bringen. Also musste der Gouverneur auf Zeit spielen.

Von Shanghai und anderen Küstenstädten aus stachen derweil die angeforderten Truppen in See. Insgesamt waren es etwa zehntausend Mann.

Dass aus einem isolierten Vorgang wie der Konfrontation mit den Agenten des Monopolamts so rasch ein Flächenbrand werden konnte, hatte einen einfachen Grund: Der Konflikt zwischen Einheimischen und Festländern schwelte bereits seit zwei Jahren. Als die Japaner 1945 die Insel verließen, waren viele Taiwaner zunächst sehr froh. Trotz der tiefen kulturellen Prägung durch die vorangegangenen fünfzig Jahre hatten die Kriegszeit und die aggressive Assimilierung neue Feindschaft gesät. Kurz vor Kriegsende notierte der taiwanische Schriftsteller Wu Zhuoliu, der seine Romane auf Japanisch schrieb, Gerüchte von einer schwarzen Liste mit mehreren Hundert Namen, die die Japaner im Fall einer feindlichen Invasion noch rasch liquidieren wollten. Das war nur ein Gerücht, aber es verrät das tiefe Misstrauen gegenüber den Kolonialherren. Von der Rückkehr zum chinesischen Mutterland, das sich inzwischen zur Republik gemausert hatte, erhofften sich vor allem gut ausgebildete Taiwaner eine friedliche und politisch selbstbestimmtere Zukunft. Gleichzeitig blieb die japanische Sprache für viele von ihnen das Tor zur Welt, durch das seit Jahrzehnten auch die Errungenschaften westlicher Kultur nach Taiwan gelangten. Chinesisch beherrschte anfangs nur ein kleiner Teil von ihnen. Dass die KMT 1946 die Publikation von japanischen Texten kurzerhand verbot, brachte daher eine gesamte Gesellschaftsschicht zum Verstummen und sorgte für Bitterkeit.

Und die andere Seite? Die ersten Festländer, die nach dem Krieg nach Taiwan kamen, waren entsetzt: Das sollte eine chinesische Provinz sein? In den Städten lebten die meisten Menschen in japanischen Häusern, kleideten sich wie Japaner und sprachen statt Chinesisch nur den südöstlichen Küstendialekt Minnanhua, der auf der Insel oft »Taiwanisch« genannt wird. Von Anfang an herrschten Fremdheit und gegenseitiges Misstrauen. Die Neuankömmlinge verhielten sich so wie im chinesischen Hinterland, wo sie acht Jahre lang gegen

Japan gekämpft hatten: Sie nahmen sich, was sie brauchten. Keiner von ihnen rechnete damit, länger als einige Monate in Taiwan bleiben zu müssen. Diese wohlhabende, mit Ressourcen reich gesegnete Insel auszunehmen war schlicht und ergreifend praktikabel. Was sprach dagegen?

Nun, die Taiwaner. Denen fehlte die verzweifelte Fügsamkeit chinesischer Bauern, die auf dem Festland alle Grausamkeiten erduldeten, weil ihnen nichts anders übrig blieb. Felder wurden geplündert, Tiere gestohlen, Söhne zwangsrekrutiert – nichts zu machen. In taiwanischen Städten hingegen gab es ein Bürgertum, das sich artikulieren konnte, die einheimische Presse war noch nicht auf Linie gebracht, also regte sich Widerstand. Festländer hatten sich angewöhnt, alle Japaner als Hunde zu beschimpfen, nun lasen sie auf Plakaten in den Straßen: »Die Hunde sind fort, die Schweine sind da.« Neuankömmlinge besetzten alle wichtigen Schaltstellen, sie waren sowohl untereinander als auch mit der Obrigkeit gut vernetzt und wussten das zu nutzen. George Kerr berichtet von Fällen, in denen ganze Betriebe kurzerhand abgebaut und aufs Festland verschifft wurden, etwa in der Zuckerproduktion oder beim Bergbau. Bald fehlte es an lebenswichtigen Gütern, die Korruption grassierte, und Taiwaner fühlten sich auf ihrem eigenen Boden ausgebootet und enteignet. Das sollte die »glorreiche Rückkehr« *(guangfu)* zum Mutterland sein? Eher sah es nach einer erneuten Kolonisierung aus.

Die Ereignisse vom 27./28. Februar waren der Funke, der in ein gefährliches Gemisch aus Frustration, Fremdheit und wachsender Gewaltbereitschaft fiel. Ein paar Tage lang schien es, als könnte eine Explosion verhindert werden. Da die Polizisten in Deckung gegangen waren, sorgten freiwillige Service-Korps für Ordnung in den Straßen, jedenfalls tagsüber. Auf großen Bürgerversammlungen wurden Beschwerden gesammelt, und Chen Yi versprach, die Reformvorschläge einer inzwischen eingesetzten Untersuchungskommission entgegenzunehmen. Ob er das wirklich vorhatte, darf bezweifelt werden. Am 8. März traf in den Hafenstädten Keelung (Jilong) und Kaohsiung (Gaoxiong) die von ihm herbeigerufene militärische Verstärkung ein. Im Umgang mit Widerstand vertraute die KMT seit jeher auf den Grundsatz: Reden ist Silber, Schießen ist Gold.

Wer heute von 228 spricht, meint das, was in den folgenden Tagen geschah. Bevor sich das Kürzel etablierte, sprach man – wenn man sich traute – von den März-Massakern. Der inzwischen verstorbene Vater meiner Frau hatte als Kind in Keelung noch mit eigenen Augen gesehen, wie Menschen mit hinter dem Rücken gefesselten Händen am Flussufer aufgereiht wurden. Manchmal band man sie aneinander, dann musste nur einer erschossen werden, und die anderen wurden mit ins Wasser gerissen. Das ganze Hafenbecken soll rot von Blut gewesen sein, hier und da waren kleine Ruderboote unterwegs, in denen verzweifelte Menschen nach Angehörigen suchten; Tücher vorm Gesicht und Stöcke in der Hand, um die aufgedunsenen Leichen umzudrehen.

Die Gewalt kam in Wellen. Die erste war unsystematisch und ad hoc: Soldaten verließen die Schiffe und schossen drauflos, zunächst in Keelung und Kaohsiung, dann in Taipei und anderswo. Die zweite Welle folgte in den nächsten Tagen. Wie sich zeigte, hatten die Sicherheitskräfte genau registriert, wer zu einer Versammlung gegangen war oder eine Petition unterzeichnet hatte. Diese Personen wurden nach und nach zu Hause abgeholt und größtenteils nicht wieder gesehen. Alle Zeitungen bis auf zwei verschwanden vom Markt. Die dritte Welle zog sich über mehrere Monate hin, sie markierte den allmählichen Übergang zum Polizei- und Überwachungsstaat, der Taiwan auf Jahrzehnte hinaus bleiben sollte. Das im Mai 1949 erlassene Kriegsrecht galt un-

unterbrochen für 38 Jahre – ein trauriger Rekord, der erst durch das Regime in Syrien gebrochen wurde.

228 und die Folgen

Da die Massaker von 1947 jahrzehntelang ein Tabuthema waren, lassen sich die Opfer kaum mehr genau beziffern. Viele Akten wurden vernichtet, in der einschlägigen Literatur kursieren sehr unterschiedliche Angaben, und oft bleibt unklar, auf welchen Zeitraum sie sich beziehen. Die Zahl der Toten in den ersten beiden Wellen wird auf drei- bis fünftausend geschätzt, manchmal deutlich höher, in der dritten Welle und den kommenden Jahren dürften es über zehntausend, vermutlich mehrere Zehntausend gewesen sein. Ihren Höhepunkt erreichte die Unterdrückung erst in den frühen Fünfzigerjahren, als sich die KMT ganz nach Taiwan zurückgezogen hatte und ihre Herrschaft über die Insel festigte. Verhaftet wurden zwischen ein- und zweihunderttausend Bürger, oft aufgrund haltloser Denunziationen, viele verbrachten Jahre ihres Lebens auf der berüchtigten Gefängnisinsel Lüdao.

Opfer der Repressalien waren übrigens keineswegs nur Einheimische. Berücksichtigt man ihren geringeren Anteil an der Gesamtbevölkerung, waren Festländer zumindest in der Hochphase des Weißen Terrors sogar proportional stärker betroffen. Jeder Versuch, Kontakt zu zurückgelassenen Verwandten in Festlandchina aufzunehmen, konnte Ermittlungen nach sich ziehen, denn der hysterische Antikommunismus der KMT sah überall feindliche Spione. Klar ist, dass es zwischen 1945 und 1950 tatsächlich einige kommunistische Zellen gab, die hofften, einer kommenden Invasion vom Festland den Boden zu bereiten. Schlagkräftig waren diese aber auch deshalb nicht, weil es ihnen an Unterstützung in der Bevölkerung fehlte, und nach 1950 stellten sie, weitgehend abgeschnitten von ihren Kontakten in China, keine ernsthafte Bedrohung mehr dar. Ein weniger rabiates Vorgehen der Behörden hätte die Sicherheit der Insel also nicht gefährdet, wohl aber viel unverschuldetes Leid verhindert.

Über die Bedeutung von 228 wird in Taiwan bis heute gestritten. Wie könnte es anders sein? Die Aufarbeitung begann mit großer zeitlicher Verzögerung, und die damals geschlagenen Wunden belasten die sozialen Beziehungen noch immer. Die Chance zum großen Neuanfang, die sich 1945/46 bot, wurde von den politisch Verantwortlichen auf tragische Weise vertan. Ausgezehrt vom Kampf gegen Japan, allergisch gegen alles, was in ihren Augen an den Erzfeind erinnerte, und fixiert auf den ausbrechenden Bürgerkrieg gegen die Kommunisten, brachten sie für die Lage der Inselbewohner kein Verständnis auf. Dass diese nicht willenlose »Sklaven Japans« gewesen waren, sondern in den vorangegangenen fünfzig Jahren eine eigene Identität ausgebildet hatten, entging ihnen völlig. Stattdessen interpretierten sie jeden Protest als Sabotage, Kollaboration mit dem Feind und letztlich als Verrat am chinesischen Volk. Entsprechend fiel die Reaktion aus.

Wir Deutschen sind nicht das einzige Volk, dem in jüngerer Zeit eine friedliche Revolution gelungen ist. Die Taiwaner haben das auch geschafft, wenngleich es für ihren Umsturz kein so markantes Datum wie den 9. November gibt. Es war ein Prozess. Warum Chiang Ching-kuo, der Sohn und Nachfolger Chiang Kai-sheks, im Juli 1987 das Kriegsrecht aufhob, ist bis heute nicht restlos geklärt. Vermutlich fand er es nach dem Abflauen der maoistischen Gewaltexzesse auf dem Festland schwierig, ein autokratisches

Taiwan als das bessere China zu verkaufen. Stetiger Druck der Opposition spielte ebenfalls eine Rolle. Bereits ein halbes Jahr nach der Aufhebung starb Chiang Ching-kuo, und Vizepräsident Lee Teng-hui folgte ihm ins Amt nach, was einer Sensation gleichkam, denn der war kein Festländer, sondern hatte sich – wie Dr. Guo – in einem schwierigen Umfeld emporgearbeitet. 1996 wurde er der erste frei gewählte Präsident Taiwans, trat aber vier Jahre darauf nicht zur Wiederwahl an, sondern gründete die Taiwan Solidarity Union, eine kleine Splitterpartei, die zum grünen, das heißt, nach Unabhängigkeit strebenden Lager gehört. In der KMT gilt Lee heute als Verräter, und er verstand es bis zu seinem Tod im Juli 2020, diesen Ruf durch gezielte Provokationen zu pflegen. Dazu gehörte, dass er, der 1923 in Taiwan geboren wurde, sich gelegentlich als Japaner bezeichnete, wenn er von seiner Jugend sprach, und Japan »das Mutterland« nannte.

Dieser Mann war es, der 1995 die Taiwaner für die Verbrechen des Weißen Terrors um Verzeihung bat und den 28. Februar zum nationalen Feiertag erklärte. Aus dem Neuen Park wurde der heutige 228-Friedenspark, wo jedes Jahr die zentrale Gedenkfeier für die Opfer der Unterdrückung stattfindet. Einmal habe ich dort Lees Nachfolger Chen Shui-bian reden gehört, aber kaum etwas verstanden, weil er seine Rede auf Taiwanisch hielt. Das entsprach nicht nur seiner Herkunft aus dem Süden der Insel, sondern hatte außerdem Symbolcharakter. Früher wurde das Taiwanische systematisch unterdrückt, bis hin zu körperlichen Strafen für Schulkinder, die sich ihrer Muttersprache bedienten. Der Opfer jener Jahre auf Taiwanisch zu gedenken machte den langen Weg, den die Gesellschaft zurückgelegt hatte, umso deutlicher.

In der Mitte des 228-Parks steht heute eine Skulptur, die der Architekt Cheng Tzu-tsai entworfen hat. Ein abstraktes

Gebilde, dessen Bedeutung zu entschlüsseln hier nicht der Ort ist. Faszinierender als die Skulptur finde ich ohnehin ihren Schöpfer und seine mit Taiwans politischen Wechselfällen eng verwobene Biografie. Vor vielen Jahren bin ich ihm bei einer Abendgesellschaft begegnet, ohne zu wissen, wer er war. Eingeladen hatte die Schriftstellerin Li Ang, eine der bekanntesten Autorinnen Taiwans, die der DPP nahesteht, als Feministin gilt und außerdem eine große Feinschmeckerin ist. Gekommen waren etwa zehn Personen, darunter eine Filmemacherin aus Hamburg, die eine Dokumentation über Li Ang drehte. Das Essen war natürlich köstlich. Neben mir saß ein älterer Herr, der sich als Maler und Architekt vorstellte, ansonsten aber wenig sprach. Einige seiner Gemälde hatte er mitgebracht, hauptsächlich weibliche Akte, die mir amateurhaft und naiv vorkamen. Ich muss gestehen, ich war nicht sonderlich beeindruckt – bis die Gastgeberin während des Essens auf meinen Nebenmann deutete und meinte, er sei ein Held ihrer Jugend gewesen.

»Warum das?«, fragte jemand erstaunt. Der stille Mann hatte so gar nichts Heldenhaftes an sich.

»Na ja«, erwiderte Li Ang auf ihre verschmitzte Art. »Damals als junger Mann in New York hat er versucht, unseren Präsidenten zu erschießen.«

Wie es dazu kam, ist auch eine spannende Geschichte, aber die erzähle ich ein andermal.

Baseball: Kurze Geschichte einer nationalen Obsession

In Taiwan gibt es einen Spruch, demzufolge das Land nicht verstehen kann, wer von Baseball nichts versteht. Lange Zeit schloss das auch mich ein. Dann lernte ich meine jetzige Frau kennen, die mit ihrem älteren Bruder von klein auf Baseballspiele verfolgt hatte, ehe sein Interesse nachließ und ihres immer größer wurde. Von ihrem über Jahre angewachsenen Expertentum konnte auch ich profitieren, erst vor dem Fernseher, später durch gemeinsame Besuche im Stadion. Inzwischen bin ich geradezu ein Fan und darf Ihnen versichern, dass Baseball nicht nur ungemein spannend ist, sondern einem tatsächlich zu faszinierenden Einsichten in die taiwanische Gesellschaft verhilft. Falls Sie Widerwillen verspüren, sich auf das Thema einzulassen, sollten Sie diesen bitte rasch überwinden.

Mit den Regeln halten wir uns nicht lange auf. Es ist das Spiel mit dem Knüppel und dem kleinen Ball, den es zu treffen gilt. Gelingt einem das, rennt man los. Erreicht man eine der drei Bases, ehe die Feldspieler den Ball dorthin bekommen, ist man *safe* und hat einen Hit erzielt. Erreicht man schließlich die Homebase, wo man losgelaufen ist, hat man gar einen Run erzielt, das heißt, einen Punkt. Kommt man zu spät an der Base an oder schlägt dreimal am Ball vorbei, ist man *out* und muss zerknirscht das Gesicht verziehen. Ein Spiel besteht aus neun Innings und jedes Inning aus zwei Hälften, damit jedes Team einmal angreifen, also schlagen kann. Nach drei Outs, das heißt, drei zerknirscht ausgeschiedenen Spielern, wird gewechselt. Der Werfer heißt Pitcher, der mit dem Knüppel ist der Batter, und der hinter ihm hockende Spieler in Schutzkleidung, der die nicht getroffenen Bälle fängt, wird Catcher genannt. Alle anderen sind Feldspieler, deren Positionen uns hier nicht interessieren. Ein Homerun – der einzige Baseball-Begriff, den Sie vermutlich schon kannten – ist ein Treffer, der den Ball aus dem hinteren Ende des Spielfelds hinausbefördert; dann darf der Batter mit allen Spielern, die auf den Bases standen, zur Homebase laufen. Anders gesagt: Ein Homerun bringt dem Team mindestens einen Punkt (wenn niemand auf den Bases stand und nur der Batter selbst nach Hause läuft) und maximal vier Punkte (wenn auf jeder Base ein Spieler stand, dem vorher ein Hit gelungen war).

Schon sind Sie Experte und können mitreden.

Baseball und Feldball

Das Mutterland des Baseballs sind natürlich die USA, wo es die mit Abstand beste Profiliga gibt. Für unsere Zwecke ist allerdings wichtig, dass der Sport auf dem Umweg über Japan nach Taiwan kam, also ein Erbe der Kolonialzeit und damit automatisch ein Politikum ist. Bleiben wir zunächst beim Namen: Der englische Ausdruck »Baseball« betont die drei

Stellen auf dem Feld, die man ablaufen muss, um einen Punkt zu erzielen; die Spur zum Sieg, könnte man sagen. Japaner nannten den Sport ursprünglich *Yakyū,* »Feldball«, und es gibt Anthropologen, die behaupten, es sei der ideale Sport gewesen, um Japans militärische Expansion der 1930er- und 40er-Jahre zu begleiten bzw. symbolisch darzustellen: Südostasien als offenes Feld, auf dem die Armee Stützpunkte besetzte, von denen aus das Gebiet stetig erweitert wurde. Die Theorie mag etwas für sich haben, insofern das japanische Spiel im Vergleich zum amerikanischen tatsächlich taktisch anders ausgerichtet ist. Bis heute gehen Japaner systematischer und vorsichtiger vor, sie erobern das Feld in kleinen Schritten, statt auf den einen entscheidenden Schlag zu hoffen (was zum Beispiel bedeutet, dass die Spiele deutlich länger dauern, fast nie weniger als drei Stunden, nicht selten mehr als vier). Als Erklärung der japanischen Baseballbegeisterung taugt die Theorie trotzdem nicht, denn die setzte bereits vor der Wende zum 20. Jahrhundert ein und dauert unvermindert an.

Wichtiger dürften zwei andere Aspekte sein. Erstens ist Baseball ein Mannschaftssport, und so etwas hatte Japan nicht, ehe der amerikanische Lehrer Horace Wilson um 1870 herum seinen Schülern in Tokio einen Knüppel und ein paar Bälle reichte. Zur Gruppenbezogenheit, die Japans Gesellschaft auszeichnet, passt ein Sport, bei dem alles vom Zusammenspiel der Einzelnen abhängt, jedoch bestens. Sport im modernen Sinn hatte es im alten Japan ohnehin nicht gegeben, man kannte lediglich das Sumoringen, dessen Wurzeln religiös-ritueller Natur sind, sowie das aus der Samurai-Tradition stammende Kendō, eine Form des Schwertkampfs. Dass Baseball mit diesen beiden Kampfsportarten eine wichtige Eigenschaft teilt, ist der zweite Aspekt: Obwohl es ein Teamsport ist, steht im Zentrum des Spiels das Duell Pitcher gegen Batter, deren Konfrontation eine längere Phase der Konzentration und des gegenseitigen Belauerns vorausgeht, ehe explosiv Attacke (Wurf) und Gegenattacke (Schlag) erfolgen. Ein martialisches Duell, eingebettet in ein kollektives Geschehen – der perfekte Sport für uns, müssen sich die Japaner gedacht haben. 1873 fand das erste Match auf japanischem Boden statt, schon fünf Jahre später wurde in Tokio der erste Verein gegründet. Die Spieler waren größtenteils Eisenbahningenieure und Stationsarbeiter, die ihre Knüppel selbst schnitzten und auf dem Platz traditionelle Holzsandalen, sogenannte *Geta,* trugen. Wer je versucht hat, in solchem Schuhwerk zu sprinten, wird sich innerlich vor diesen Pionieren verneigen.

Es dauerte nicht lange, und Japaner waren ebenso baseballbegeistert wie Amerikaner. Dass sie das Spiel rasch in ihre Kolonien importierten – auch in Südkorea ist Baseball heute sehr beliebt –, versteht sich von selbst, allerdings blieben Japaner auf taiwanischen Spielfeldern zunächst unter sich. Einheimische waren ausgeschlossen, weil man befürchtete, dass die Mitwirkung an sportlichen Wettkämpfen bei ihnen Emotionen wecken könnte, die sich nur schwer kontrollieren ließen. Nachdem ich selbst mehrere Abende in taiwanischen Stadien verbracht habe, muss ich diese Bedenken für berechtigt halten.

Mit Sicherheit wurde Baseball trotz des Ausschlusses von offiziellen Wettkämpfen schon bald auf der ganzen Insel gespielt. Barfuß, mit Stöcken und Steinen statt Holzknüppeln und Bällen. Im Zuge der im dritten Kapitel erwähnten Reformen von 1919 gaben die Kolonialherren endlich nach und gewährten Einheimischen Zutritt zum geliebten Spiel. In ihrer Kalkulation überwog nun der erhoffte Nutzen: Baseball sollte junge Taiwaner Opferbereitschaft, Disziplin und die Bedeutung von »kollektiver Harmonie« (jap. *wa)* lehren – willkommene Eigenschaften in einem kolonisierten Volk.

Kanō: Das legendärste aller Teams

Leider kann ich hier nicht die gesamte faszinierende Geschichte des taiwanischen Baseballs erzählen. Andrew Morris hat es in seinem Buch *Colonial Project, National Game* getan und damit bewiesen, dass man anhand des Sports eine umfassende Sozialgeschichte Taiwans im 20. Jahrhundert schreiben kann. Einer der wichtigsten Aspekte dabei betrifft die Rolle der indigenen Bevölkerung, die uns im Folgenden auch interessieren wird. Ein aufschlussreiches Faktum vorneweg: Während der Bevölkerungsanteil der Ureinwohner in Taiwan bei knapp über zwei Prozent liegt, betrug ihr Anteil unter den Spielern der Profiliga im Jahr 2012 erstaunliche 41 Prozent. Wer verstehen will, wie es dazu kam, muss einen Blick zurück in die 1920er-Jahre werfen.

Nach 1919 dauerte es nicht lange, und Taiwaner waren genauso baseballbegeistert wie Japaner. Das Zentrum blieb vorerst die Hauptstadt Taihoku, aber auch anderswo entstanden vielversprechende Teams, insbesondere im Jugendbereich, sodass bereits 1923 die erste inselweite Schülermeisterschaft ausgespielt werden konnte. Baseball als Schulsport hat in Japan eine lange Tradition, jeden August wird im Kōshien-Stadion bei Osaka die nationale Schülermeisterschaft abgehalten, die bis heute das wichtigste Sportereignis des Landes darstellt. Sämtliche Spiele finden vor ausverkauften Rängen statt – das heißt, vor rund sechzigtausend Zuschauern! – und werden live im Fernsehen übertragen. Den medialen Hype um das Turnier kann ich nicht beschreiben, ohne dass Sie mich der Übertreibung bezichtigen, also lasse ich es. Wichtig ist, dass es in den 20er-Jahren ein Einladungsturnier in Kōshien gab, an dem auch die besten Schülerteams von außerhalb des Mutterlands teilnehmen durften. Dadurch wurde die Meisterschaft in Taiwan zur Qualifikation für *den* Traum eines jeden halbwüchsigen Baseballspielers: einmal auf dem heiligen Rasen von Kōshien auflaufen. Das Stadion war damals die größte und berühmteste Sportarena des Kontinents.

Auftritt Kanō: Das ist die japanische Abkürzung für die Landwirtschaftsschule in Kagi (chin. *Chiayi),* ein Provinzstädtchen im Südwesten Taiwans. Die Schule bildete Fachmänner aus, die für die landwirtschaftliche Erschließung der fruchtbaren Ebenen der Region gebraucht wurden. Ihre Schülerschaft bestand aus Japanern, Taiwanern und einigen Ureinwohnern, was folglich auch für das Kanō-Baseballteam galt. Im kolonialen Taiwan mit seinen noch weitgehend segregierten Schulen war das eine Besonderheit, welche die Presse entsprechend herausstrich. Als sich das Team 1931 für den Kōshien-Cup qualifizierte, rechneten die meisten Beobachter freilich mit einem schnellen Aus, so wie es zuvor den anderen taiwanischen Vertretern ergangen war. Das Turnier wurde im K.-o.-System ausgetragen, und manch einer mag gedacht haben, dass es sich eigentlich nicht lohnte, für nur ein Spiel die lange Schiffsreise nach Japan anzutreten.

Doch es sollte anders kommen. Ganz anders.

Im Sommer 2019 haben meine Frau und ich unsere eigene Wallfahrt nach Kōshien unternommen. Wir wollten kein Schülerspiel sehen, sondern die Tokyo Giants mit ihrem taiwanischen Star Yang Dai-gang gegen die Hanshin Tigers, die im Kōshien-Stadion ihre Heimspiele austragen – außer im August, wenn die Schüler kommen, dann müssen die Tigers eine zweiwöchige Auswärtsreise antreten. (Ja, Sie haben richtig gelesen: Der Spielplan der Profiliga wird den

Erfordernissen des Schülerturniers angepasst.) Leider fiel das Spiel wegen Regens aus, was mich bis heute mit tiefer Trauer erfüllt, und uns blieb nur eine Stadiontour mit Besuch des dazugehörigen Museums. Dort sind in einer Art Schrein alle Schülerteams verewigt, die je am Kōshien-Cup teilgenommen haben, viele Hundert Namen, zwischen denen man sich kaum zurechtfindet. Eine einzige Plakette ist durch einen Hinweis gekennzeichnet und leicht zu identifizieren: Kanō. Nicht nur in Taiwan ist das Team eine Legende, in Japan ebenso. Bloß warum?

Wir kommen gleich zum Turnier von 1931. Vorher muss ich ein Massaker erwähnen, das sich ein Jahr zuvor im kleinen Dorf Musha (chin. *Wushe)* in Zentraltaiwan ereignet hatte. Bei einem Sportfest in der örtlichen Grundschule töteten Krieger vom indigenen Stamm der Seediq 134 Japaner, indem sie ihnen den Kopf abschlugen. Warum sie das taten, ist nicht mit letzter Sicherheit zu sagen, was auch an der Reaktion des japanischen Militärs liegt, das mit Luftangriffen, schwerer Artillerie und Giftgas(!) den Stamm der Seediq beinahe komplett ausrottete. Der sehenswerte, wenngleich sehr grausame Spielfilm *Seediq Bale – Krieger des Regenbogens* von 2011 erzählt die Ereignisse auf herzzerreißende Weise. Später werden wir dem Ort Wushe einen Besuch abstatten und die Geschichte etwas ausführlicher rekapitulieren.

Widerstand gegen die japanische Herrschaft hatte es vonseiten der Ureinwohner schon früher gegeben. Dieses Massaker, dem auch Frauen und Kinder zum Opfer fielen, erschütterte die Kolonialherren allerdings besonders stark, bedeutete es doch das Wahrwerden ihrer größten Ängste: das Scheitern des eifrig verfolgten Plans, Taiwans »Wilde« – so der gängige diskriminierende Sprachgebrauch – zu zivilisieren. Die Kolonialherren hielten sich nämlich für Experten in Sachen »Wilde«. Sie begegneten den taiwanischen Ureinwohnern mit wissenschaftlichem Forscherdrang und unverhohlener Neugier; Menschen wurden fotografiert, vermessen und katalogisiert, genau wie Flora und Fauna der Insel. Die Ergebnisse stellte man im Museum im Neuen Park aus, das heute das Taiwanische Nationalmuseum im 228-Park ist. Insbesondere von Männlichkeit und Kraft dieser Krieger scheinen die Japaner fasziniert gewesen zu sein, aber im Jahr 1930 bekamen sie es mit der Angst zu tun. Die Kopfjäger der Seediq hatten gezeigt, dass sie ihr wildes Handwerk weiterhin beherrschten.

Und damit zurück zum Baseball. Das Kanō-Team kam also im Jahr 1931 nach Japan, als die Erinnerung an das Massaker noch frisch war, und es hatte in seinen Reihen mehrere »Wilde«. Der Coach war Japaner, in seiner aktiven Zeit hatte er für Japans berühmtestes Universitäts-Team gespielt, nämlich Waseda. Im Kinofilm *Kanō,* der 2014 in Taiwan außerordentlich erfolgreich war – und dem man überhaupt nicht ansieht, dass der Regisseur von *Seediq Bale* am Drehbuch mitgeschrieben hat –, ist Coach Kondō die eigentliche Hauptfigur. Auf die Fragen japanischer Journalisten, ob die Mitwirkung von Ureinwohnern und überhaupt die gemischte Zusammensetzung des Teams nicht für Probleme sorge, antwortet er in einer Weise, die der Weltsicht der Filmemacher eher entsprochen haben dürfte als der eines Japaners jener Zeit: Alle Menschen sind gleich, auf dem Platz zählt allein die Hingabe an den Sport. Das Massaker von Musha wird im Film mit keinem Wort erwähnt, aber es ist natürlich genau das, woran die Zuschauer im Stadion damals dachten. Vermutlich waren nicht wenige darauf gefasst, dass die »Wilden« im taiwanischen Team eher ihren Gegnern als dem Ball nachjagen würden.

Wieder kam es anders. Kanō überraschte alle durch sein diszipliniertes und technisch versiertes Spiel. Ein Gegner nach dem anderen musste sich den überlegenen Fähigkeiten des zunächst belächelten Teams beugen, das unaufhaltsam ins Finale stürmte. Erst dort unterlag es schließlich einer Mannschaft, die nur aus japanischen Spielern bestand, was im Sinne der Gastgeber das perfekte Ergebnis gewesen sein dürfte. Nicht nur hatten sie am Schluss die Oberhand behalten, sie nahmen auch die tröstliche Erkenntnis mit, dass die »Wilden« Taiwans sehr wohl zu zivilisieren waren, wenn die Obrigkeit so umsichtig vorging wie Coach Kondō. Waren im Massaker von 1930 die größten japanischen Ängste wahr geworden, verkörperte Kanō die Realisierung eines kolonialen Traums: erfolgreiche Zusammenarbeit aller drei Volksgruppen auf der Insel unter japanischer Federführung. »Erfolg« bedeutete natürlich, japanischen Ansprüchen an den Sport (bzw. an eine moderne zivilisierte Gesellschaft) zu genügen. Dass Baseball ursprünglich aus Amerika kam, spielte im Kino wie in der Realität keine Rolle.

Kritiker haben dem Film *Kanō* vorgeworfen, er verkläre die Kolonialzeit. Die Tendenz dazu ist in der Tat vorhanden, sie zeigt sich aber überall in der taiwanischen Gesellschaft, und zwar in einem Ausmaß, das die Taiwaner selbst überraschte, als es im Frühjahr 2011 messbar ans Licht kam: Nach dem Reaktorunfall von Fukushima wurden aus Taiwan mehr private Spenden überwiesen als vom gesamten Rest der Welt, insgesamt über 200 Millionen US-Dollar – das sind im Schnitt mehr als acht Dollar von jedem einzelnen Bewohner! Wenn man sich den Inhalt des vorigen Kapitels vergegenwärtigt, ist die Tendenz sogar verständlich, denn von ihren Kolonialherren wurden die Taiwaner zwar diskriminiert, aber nicht so grausam unterdrückt wie später von den Festländern (Ureinwohner mögen das anders sehen, vielleicht wählen sie deshalb heute mehrheitlich die KMT). Kein

Wunder also, dass in Baseballstadien keine Animosität zu spüren ist, wenn taiwanische gegen japanische Teams antreten, wovon ich mich bei der Olympia-Qualifikation 2019 – als alle noch glaubten, die Spiele von Tokio würden wie geplant stattfinden – selbst überzeugen konnte. Möglicherweise pflegen viele Taiwaner ihr positives Japan-Bild auch deshalb, weil darin ein weiterer Unterschied zwischen ihnen und den Chinesen in der Volksrepublik liegt.

Kanō nahm übrigens noch mehrere Male am Kōshien-Cup teil, aber der anhaltende Ruhm des Teams gründet auf der Leistung von 1931. Wobei aus taiwanischer Sicht die Mitwirkung von Ureinwohnern weniger bedeutsam ist, sind diese aus der heimischen Baseballszene doch ohnehin nicht wegzudenken (was auch an den Aufstiegsmöglichkeiten liegt, die der Sport Kindern aus ökonomisch schwierigen Verhältnissen bietet). Vielmehr repräsentiert die Mannschaft in ihrer gemischten Zusammensetzung und ungeachtet der Tatsache, dass ein japanischer Coach sie führte, etwas Eigenes, das im Süden der Insel wuchs, ehe es im Zentrum der damaligen Baseballwelt Anerkennung fand. Anders gesagt, Kanō erzielte seinen Erfolg zwar im japanischen Orbit, aber entstehen konnte das Team nur in Taiwan, und diese Besonderheit des Eigenen, die sich historischen Kontingenzen aller Art verdankt, ist seit der Kolonialzeit ein wichtiges Fundament der taiwanischen Identität.

Die kleinen Soldaten aus Hongye

Wir springen eine Generation nach vorn. Politisch hat Taiwan sich sehr verändert, das Land heißt nun Republik China, wo die 1960er die 50er-Jahre sind, weil die offizielle Zeitrechnung mit der Revolution von 1911 beginnt. Baseball wird auf der Insel mit großer Begeisterung gespielt, aber in der staatlichen Presse führt der Sport eine Randspaltenexistenz. In China hat er nämlich keine Tradition, dort sind Fußball und Basketball viel beliebter, und die vom Festland stammende KMT fremdelt spürbar mit dem Nationalsport ihres alten Feindes Japan, der im Kalten Krieg zum ungeliebten Verbündeten wurde (aus Angst, Tokio könnte statt der Republik China die Volksrepublik diplomatisch anerkennen, hat Erstere niemals Reparationen von Japan gefordert). Dass Baseballfelder der einzige öffentliche Ort sind, wo man ungestraft Taiwanisch und Japanisch sprechen darf und sogar muss, kompliziert die Sache zusätzlich. Für Pitcher, Catcher, Hit und Run gibt es in dieser Zeit keine chinesischen Ausdrücke. Heute ist das zwar anders, trotzdem verwenden taiwanische Sportmoderatoren weiterhin einen Mix aus Chinesisch, Japanisch und Englisch, wenn sie ein Spiel kommentieren. Ein Homerun etwa heißt *Quan-lei-da* (»Alle-Bases-Schlag«) und wird stets von dem Ausruf »Sayōnara, see you later!« begleitet. Mehrsprachigkeit ist in ganz Taiwan keine Ausnahme, sondern der Normalfall.

1968 ist das Jahr, in dem sich im taiwanischen Baseball vieles ändern sollte. Anderswo gehen Studenten für eine bessere Welt auf die Straße, in Taiwan demonstrieren barfüßige Grundschüler die gesellschaftsverändernde Kraft des Ballsports. Hongye heißt das Dorf im Südosten der Insel, aus dem sie stammen. Die dortige Grundschule ist so winzig, dass in Kollegium und Verwaltung gerade einmal fünf Personen arbeiten. Die Schüler sind Ureinwohner vom Stamm der Bunun, deren Begeisterung für den Unterricht sich in Grenzen hält. Auch das könnte man als japanische Tradition bezeichnen, denn Schülerteams trainieren dort vor und nach der Schule so viel, dass der Unterricht zur Regeneration gebraucht wird – man schläft in der Klasse. Als Hara Tatsunori, einer der größten Stars des japanischen Baseballs, Abitur machte und von einem Journalisten gefragt wurde, welches Hauptfach er an der Universität zu belegen gedenke, gab er eine vielsagende Antwort: »Was, bitte, ist ein Hauptfach?«

In Hongye hatte der Rektor sein Baseballteam in der Hoffnung gegründet, dass mehr Jungen zur Schule kommen würden, und das geschah auch, obwohl es außer an Begeisterung an allem mangelte. Die Geschichten, wie die Schule das Geld zusammenkratzte, damit ihr Team an Wettkämpfen teilnehmen konnte, gehören inzwischen zur taiwanischen Baseballmythologie, ich komme darauf an späterer Stelle zurück. 1968 gewann Hongye die nationale Meisterschaft für Grundschulteams und wurde sogar in der KMT-treuen Presse gefeiert. Das Team personifizierte Tugenden, die nun nicht mehr als typisch japanisch galten, im allmählich erwachenden Wirtschaftswunderland Taiwan aber hoch im Kurs standen: Einsatzbereitschaft, Fleiß und das Lauern auf die erste sich bietende Chance.

Zur Legendenbildung reichte das freilich noch nicht.

Auftritt Wakayama. Besuche japanischer Mannschaften in Taiwan hatten eine Tradition, die natürlich auf die Kolonialzeit zurückging. Was das Gastspiel dieses Teams so besonders machte, war die Tatsache, dass Wakayama 1967 das Little League Turnier in Williamsport, Pennsylvania gewonnen hatte. Das war und ist ein internationales Kinder- und Jugendturnier für Mannschaften, die nach exakt festgelegten Regeln bestimmte Städte oder Regionen vertreten. Nie war es eine offizielle Nationen-Weltmeisterschaft, aber genau dazu sollte die Republik China das Turnier bald erklären, um die Erfolge ihrer Teams propagandistisch besser ausschlachten zu können. Als kleiner Vorgeschmack wurde Wakayama bereits 1968 in der Presse als amtierender Weltmeister angekündigt.

Hongye gegen Wakayama, barfüßige Ureinwohner gegen den japanischen »Weltmeister«, auf einmal war Schülerbaseball wieder in aller Munde. Die erste Partie fand vor über zwanzigtausend Besuchern statt, die komplett ausrasteten, als ihr Team 7:0 gewann. Die sonst so nüchterne Staatspresse wurde lyrisch: »In ihren roten Trikots ähneln die Kinder fallenden Ahornblättern im strahlenden Sonnenschein.« Das sollte eine Anspielung auf den Ortsnamen Hongye (rotes Laub) sein. Zum zweiten Spiel kamen dreißigtausend Zuschauer, die nach dem neuerlichen Sieg das Feld stürmten, um ihre Helden – wohlgemerkt Grundschüler! – auf Händen vom Platz zu tragen. Heutige Historiker nennen die Hongye-Triumphe eine Zäsur in der Entwicklung des taiwanischen Nationalbewusstseins, und das ist durchaus ernst gemeint. Wie kann man das Phänomen verstehen?

Die Herkunft des Gegners spielte sicherlich eine Rolle, sowohl für jene Inselbewohner, die in Japanern ihre früheren Lehrmeister sahen, als auch für jene, die sie immer noch »japanische Teufel« nannten. Das Regime scheint schnell begriffen zu haben, dass der Sport helfen konnte, der seit 228 tief gespaltenen Bevölkerung ein neues Wir-Gefühl zu vermitteln – man musste bloß propagandistisch nachhelfen und bereit sein, die Regeln etwas großzügig auszulegen. Dass fünf Hongye-Spieler unter falschem Namen aufliefen, weil sie älter waren, als sie den Statuten nach hätten sein dürften, blieb ein gut gehütetes Geheimnis, das bald Schule machte. Coach und Schulrektor wurden für den Betrug zwar zunächst bestraft, wegen ihrer besonderen Verdienste für den Baseballsport – sprich: für das händeringend nach einem sozialen Kitt suchende Regime – aber wenig später begnadigt. Der nationale Zweck heiligt seit jeher auch schmutzige Mittel.

Damit nicht der Eindruck entsteht, nur die KMT hätte den Baseballsport instrumentalisiert, sei abschließend erwähnt, dass Chen Shui-bian seinen Gegnern in diesem Punkt ebenbürtig war. Nach seiner Wahl zum Präsidenten skizzierte er in einer Rede, worin der »Geist Taiwans« *(taiwan jingshen)* bestand, der für ihn natürlich etwas ganz anderes war als der Geist Chinas, und beinahe zwangsläufig kam er auf die barfüßigen Grundschüler aus Hongye zu sprechen, ohne den Regelverstoß von anno 1968 auch nur mit einem Wort zu erwähnen. Das war im Jahr 2000. Über dreißig Jahre nach dem Ereignis konnte Chen sich darauf verlassen, dass seine Zuhörer einerseits wussten, wovon er sprach, dass sie es andererseits aber nicht zu genau wussten. So verschwamm auch hier die Grenze zwischen Geschichte und Mythologie. Auf der Website der nationalen Tourismusbehörde steht heute noch, dass das Hongye-Team seinerzeit den amtierenden Weltmeister besiegt hat.

Wir sind Weltmeister: Taiwans Erfolge in der Little League

Bereits ein Jahr nach dem Triumph über Wakayama waren es die Taiwaner selbst, die das Little League Turnier in Williamsport gewannen. Entgegen den Regeln wurde ihr Team als Nationalmannschaft mit den besten Spielern der gesamten Insel aufgestellt. Alle Spiele liefen live im Fernsehen, zu nachtschlafender Zeit, aber die Nation schaute trotzdem zu. Nach dem Finalsieg stürmten Tausende auf die Straße und zündeten Feuerwerkskörper, die Rückkehr der kleinen Helden wurde wenige Tage später zum nationalen Großereignis. In einer achtstündigen Siegesparade fuhr das Team durch die Hauptstadt. Mehr als eine halbe Million jubelnde Zuschauer säumten die Straßen, am Ende stand ein Empfang im Präsidentenpalast bei Chiang Kai-shek persönlich. Der verstand von Baseball so gut wie nichts, aber der Erfolg der »kleinen Soldaten« im fernen Amerika gab ihm die Gewissheit, dass die Rückeroberung des Festlands bald beginnen konnte. Offenbar standen die Truppen bereit.

Damit war der Ton gesetzt. In Williamsport ging es fortan nicht um Sport oder gar den kindlichen Spaß daran, sondern um die Zukunft der chinesischen Nation. Die Welt, die sich sonst kaum für Taiwan interessierte, sollte sehen, was das Land zu leisten vermochte. Diplomatisch waren jene Jahre für das Regime eine Aneinanderreihung von demütigenden Niederlagen, vom Ausschluss aus den Vereinten Nationen 1971 bis zum Ende der diplomatischen Beziehungen mit den USA 1979, also ergriff man verzweifelt jede Möglichkeit, die Republik China auf der internationalen Bühne zu zeigen. So bizarr es klingt, aber das Baseballfeld von Williamsport wurde die vermutlich wichtigste politische Bühne. Halbwüchsige Athleten mussten das Land für seine sonstigen Niederlagen entschädigen.

In meiner Generation gibt es wenige Taiwaner, zu deren schönsten Kindheitserinnerungen nicht die nächtlichen Liveübertragungen aus Amerika gehören. Die ganze Familie versammelte sich vor dem Fernseher, um dabei zu sein, wenn taiwanische Teams »Weltmeister« in Anführungsstrichen wurden. Die offizielle Weltmeisterschaft der Nationen, die der Weltverband FIBA austrug, fand hingegen keine Beachtung, denn dabei hatte Taiwan keine Chance. Ein Bekannter, der als Erwachsener das legendäre Williamsport besucht hatte, berichtete mir einmal von seiner Ernüchterung über das winzige Stadion. In seiner Erinnerung war es riesig, eine Kathedrale des Baseballs, so wie das Kōshien-Stadion bei Osaka.

Natürlich geriet das Turnier in Williamsport schnell in den Strudel der inneren Kämpfe, die in jenen Jahren auf der Insel tobten. Mit Nachdruck drängte die *Dangwai*-Opposition auf demokratische Reformen und propagierte das Ziel eines unabhängigen Taiwan. Viele ihrer Vertreter lebten im amerikanischen Exil und schlossen aus dem gewaltigen Interesse, das Little League Baseball zu Hause erregte, dass es keinen besseren Ort als Williamsport gab, um für die eigenen Überzeugungen zu demonstrieren. Damit wurde die Bühne vollends zum politischen Kampfplatz.

Am 30. August 1971 berichtete die *New York Times* von einem »kurzen Faustkampf«, der am Vortag unter den Zuschauern des Little League-Finales ausgebrochen war, das die Tainan Giants – in Wirklichkeit das Nationalteam der Insel – souverän mit 12:3 gewonnen hatten. Die Zeitung vermutete einen Clash zwischen Fans aus Taiwan und der verfeindeten Volksrepublik China, aber damit lag sie falsch. Alle Beteiligten kamen aus Taiwan, sie vertraten bloß unterschiedliche politische Lager. Die eine Seite hatte ein Plakat hochgehalten, worauf in englischer Sprache »Team of Taiwan, Go Taiwan!« stand und daneben in chinesischen Schriftzeichen »Taiwanische Unabhängigkeit jetzt!«. Das veranlasste die andere Seite, quer übers Spielfeld zu rennen, um Widerspruch anzumelden, und es kam zu der Schlägerei, die sogar der *Times* ein paar Zeilen wert war.

Das Ganze wurde ein alljährliches Ritual. Die Opposition hielt ketzerische Plakate hoch, das Regime schickte bezahlte Schläger, um dem Treiben Einhalt zu gebieten. Einmal gelang der Unabhängigkeitsbewegung ein besonderer Coup: Sie charterte ein Flugzeug, um ein ähnliches Banner wie das eben zitierte im Luftraum über Williamsport zu zeigen, vor den Augen von Millionen Fernsehzuschauern zu Hause in Taiwan. Die Staatspresse tobte, aber Chiang Kai-sheks

Reaktion ist nicht überliefert, und mit ziemlicher Sicherheit war er nicht live dabei. Der Generalissimus hatte Wichtigeres zu tun, als Knirpsen bei einem japanischen Ballspiel zuzusehen.

Die Profiliga und ihre Skandale

Um diese viel zu kurze Geschichte des taiwanischen Baseballs abzuschließen, machen wir noch einmal einen Sprung. 1990 bekam die Insel endlich ihre eigene Profiliga. Sie hatte anfangs vier Teams, die nicht, wie wir es gewöhnt sind, bestimmte Städte vertraten, sondern als eine Art Wanderzirkus durchs Land zogen. Das Interesse war groß, die Begeisterung enorm, die meisten Spiele fanden vor ausverkauften Rängen statt, wenn auch in den eher kleinen Stadien, die teils noch aus der Kolonialzeit stammten.

Beinahe war es zu schön, um wahr zu sein.

Viele Übel, die Taiwans Gesellschaft plagen, sind in den Baseballstadien der Insel gut zu beobachten. Wie überall ist der Sport sowohl Produkt als auch Abbild seines sozialen Umfelds, die schamlose Instrumentalisierung der Little League durch das KMT-Regime bietet ein anschauliches Beispiel. In den 1990er-Jahren zeigte sich, dass das in der vorigen Dekade schlagartig reich gewordene Land an einer zerstörerischen Profitgier litt und dass der Einfluss des organisierten Verbrechens über seine Kernkompetenzen Glücksspiel, Drogenhandel und Prostitution weit hinausging. Das mögen keine neuen Einsichten gewesen sein, aber sie setzten sich mit besonderer Wucht durch, als kein Baseballfan ihnen mehr entgehen konnte.

Beflügelt vom anfänglichen Hype, wurde die Chinese Professional Baseball League (CPBL), wie sie offiziell hieß,

1994 auf sechs Teams aufgestockt. Ein Jahr später begannen die Probleme. Eins bestand in zu vielen ausländischen Spielern, die die Teams holten, um für Starpower zu sorgen, obwohl die Attraktivität der Liga nicht ausreichte, um echte Stars zu ködern. Stattdessen kamen überbezahlte Söldner, die keinen Hehl daraus machten, dass sie das Land nicht mochten. »Es gab dort nicht mal einen ordentlichen Big Mac«, ließ sich einer dieser Legionäre zitieren. Nun kann man sich in Taiwan manches erlauben, aber wer die einheimische Küche unvorteilhaft mit Fast Food vergleicht, geht eindeutig zu weit.

Die Teams ihrerseits benutzten die Söldner so, wie es ihren kapitalistischen Interessen entsprach. Nicht nur sahen die Spieler in den von Werbung übersäten Trikots wie wandelnde Litfaßsäulen aus, als Ausländer bekamen sie zudem chinesische Namen verpasst, die keine Personen-, sondern Produktnamen waren. Ein Spieler hieß wie eine Pizzakette, ein anderer wie ein Energydrink, so als handelte es sich nicht um Menschen, sondern um bloße Avatare der Sponsoren. Den mit Abstand absurdesten Namen trug ein amerikanischer Pitcher, der für die von einem großen Chemiekonzern finanzierten Sinon Bulls auflief: Tie Shazhang stand auf seinem Rücken – das ist ein Pestizid gegen Blattläuse.

Der lange Arm des organisierten Verbrechens trug wenig zur Verbesserung der Lage bei. Bereits 1993 war ein amerikanischer Spieler ermordet aufgefunden worden, der nicht zu den Söldnern gehörte, sondern bei den Fans beliebt war. Sein Fall – es handelte sich tatsächlich um einen Sturz aus dem Fenster – wurde nie geklärt, aber soweit man weiß, hatte er keinen Koch beleidigt, sondern sich mit der Wettmafia eingelassen. 1997 kam heraus, dass diese den gesamten Spielbetrieb kontrollierte und Teams fürs Verlieren belohnte, sei es finanziell oder durch Zuwendungen in gewissen zwielichtigen Etablissements. Einmal wurde ein Team, das entgegen seiner Anweisung gewonnen hatte, kurzerhand entführt und nicht etwa von jungen Damen massiert, sondern von deren bösen Cousins verprügelt.

Taiwanische Baseballfans sind leidensfähig, aber das war zu viel. Von einer Saison auf die andere brachen die Zuschauerzahlen um mehr als die Hälfte ein, noch ein Jahr später sahen im Schnitt weniger als tausend Besucher die Partien der Profis. Sponsoren sprangen ab, Teams wurden suspendiert oder gingen pleite, die Liga musste wieder auf vier Mannschaften reduziert werden. Aus dem geliebten Nationalsport war ein Schandfleck der Gesellschaft geworden, aber auch ein Spiegel, der dem Land sein eigenes entstelltes Gesicht zeigte. In der ersten Dekade des neuen Jahrtausends wurde Baseball von den heimischen Fans mit Missachtung gestraft – sogar von meiner Frau! Dass das Nationalteam bei den Olympischen Spielen in Peking ausgerechnet gegen China verlor, setzte dem Ganzen die Krone auf.

Seit einigen Jahren zeigt der Trend wieder nach oben. Ein wichtiger Schritt war die Einführung von weiblichen Cheerleadern, die während des Spiels auf zwei seitlichen Bühnen tanzen und das Publikum zum Anfeuern animieren (ein Arrangement, das aus der südkoreanischen Profiliga übernommen wurde). Infolgedessen kehrten nicht nur Männer in die Stadien zurück, um die teuersten Plätze direkt vor den Bühnen zu besetzen, sondern der gesamte Sport bekam ein anderes Gesicht. In den mittleren Innings, wenn die Cheerleader pausieren, dürfen kleine Kinder zeigen, dass sie die Choreografie ebenfalls beherrschen. Seitdem sind in den Stadien vermehrt Familien zu sehen, das Verhältnis von männlichen und weiblichen Zuschauern beträgt nach meiner

Schätzung etwa 60:40. Von alkoholgeschwängerter Aggression ist nichts zu spüren, Randale kommt anders als früher nicht mehr vor. Außer beim Karaoke sind Taiwaner nirgendwo so fröhlich und ausgelassen wie im Baseballstadion. Alles gut also, nur die Spieler klagen hin und wieder darüber, dass ihre Cheerleader in den sozialen Medien mehr Aufmerksamkeit bekommen als sie selbst.

Im Corona-Jahr 2020 wurde die CPBL erneut zum nationalen Aushängeschild, weil sie als erste Profiliga weltweit den Spielbetrieb aufnahm und damit Taiwans Erfolg im Kampf gegen das Virus demonstrierte. Anfangs mussten die Partien vor leeren Rängen stattfinden, dann durften schrittweise immer mehr Zuschauer in die Stadien, natürlich mit Maske und nachdem sie am Eingang ihre Kontaktdaten für eine eventuelle Rückverfolgung hinterlassen hatten. Als sich herumsprach, dass übers Internet auch Fans aus Amerika zuschauten – nicht in überwältigend großer Zahl, aber immerhin –, wurde zwischenzeitlich sogar ein englischer Livekommentar eingeführt.

Für mich war es nach so vielen Jahren in Taiwan meine zweite Saison als Baseballfan. Die Spielzeit 2019, in der ich begonnen hatte, mich für den Sport zu interessieren, war zugleich die letzte von Peng Cheng-min, genannt »Cha-Cha«, der in seiner zwanzigjährigen Karriere für die Brothers aus Taichung zahlreiche Rekorde aufgestellt hat und als einer der beliebtesten Sportler Taiwans gilt. Seinem guten Ruf konnten die Skandale der Liga nie etwas anhaben, 2019 wurde er in jedem Stadion mit einer besonderen Zeremonie verabschiedet. Wer Taiwans Alltagskultur kennt, wo alle wichtigen Deals – geschäftliche, private und natürlich auch schmutzige – bei Tisch ausgehandelt werden, wird Cha-Chas Antwort auf die Frage eines Journalisten, wie er es im schwierigen Umfeld des taiwanischen Baseballs geschafft habe, sauber zu bleiben, bemerkenswert finden. »In zwanzig Jahren«, erklärte er, »bin ich nie mit jemandem essen gewesen, den ich nicht kenne.«

Sollten Sie jetzt allerdings denken: »Das klingt ja einfach«, müssen Sie über Taiwan noch viel lernen. Machen Sie am besten gleich weiter mit Lektion 6.

Die schönste Hauptsache der Welt: Taiwaner und das Essen

Komme ich von einer Fernreise zurück und erzähle deutschen Freunden, wo ich gewesen bin, werde ich als Erstes gefragt: »Was hast du unternommen?« – »Was hast du erlebt?« Meine Gesprächspartner erwarten, von besonderen Begegnungen und Sehenswürdigkeiten zu erfahren. Taiwaner hingegen interessieren sich für solche Dinge zwar auch, aber erst, nachdem sie eine viel dringendere Frage gestellt haben: »Was hast du gegessen?« Etwa die Hälfte der Informationen und der größte Teil des Bildmaterials in taiwanischen Reiseführern bezieht sich auf die Küche des jeweiligen Gastlandes. Viele Reisende planen genau, an welchem Tag sie wo was essen werden, und natürlich richtet sich das kulinarische Interesse nicht nur auf andere Länder. Fahre ich in Taipei U-Bahn und belausche das Gespräch meiner Sitznachbarn, geht es mit hoher Wahrscheinlichkeit ums Essen. Eine traditionelle Grußformel, die unserem »Hallo, wie geht's?« entspricht, lautet: »Hast du schon gegessen?« In den Abendnachrichten – wo Politik ohnehin nur in kleinen Häppchen serviert wird – fehlt selten ein Bericht über neue Restaurants. Als ich 2005 zusammen mit einigen anderen SinologInnen zu Gast in der Nationalbibliothek war, saßen wir in winzigen Lesekammern im sechsten Stock und bekamen regelmäßig einen Anruf aus dem Büro im dritten: Einer unserer Gastgeber war losgefahren, um ein besonders typisches Gericht zu kaufen, und wir wurden eingeladen, es zu probieren. Weder entsinne ich mich, dass sich das Gespräch dabei je um etwas anderes als Essen gedreht hätte, noch kann ich mir vorstellen, dass eine deutsche Forschungseinrichtung ihre Gäste ebenso verwöhnen würde.

»Womit auch«, meinte meine Frau lapidar, als ich ihr die obigen Gedanken vorstellte. Wie die meisten Menschen in Taiwan steht sie der westlichen Küche zwar aufgeschlossen, aber auch mit einer gewissen Skepsis gegenüber. Bisher konnte ihr noch keine kulinarische Erfahrung in Europa die Überzeugung austreiben, dass wir die ganze Sache einfach nicht ernst genug nehmen.

In taiwanischen Bars sieht man so gut wie nie jemanden, der nur ein Getränk vor sich hat, Essen gehört immer dazu. Das soziale Leben findet am Tisch statt, und manchmal denke ich, das restliche Leben diene vor allem der Einstimmung auf die nächste Mahlzeit. In Taiwan gibt es nicht nur unzählige Kochshows im Fernsehen, sondern sogar Koch-Talkshows im Radio! Auf einer Taxifahrt hörte ich einmal in eine hinein, die sich der Frage widmete, ob man das Glück essen kann. Die Antwort lautete uneingeschränkt Ja. Völlig undenkbar ist es, dass Sie jemanden fragen, was das Besondere an Taiwan sei, und eine Antwort erhalten, in der nicht auf die Küche verwiesen wird.

Man muss, um das Phänomen zu erfassen, ein wenig ausholen.

Kulinarische Evolution: Das Überleben des Leckersten

Heutzutage legen die meisten Taiwaner zwar Wert darauf, keine Chinesen zu sein, aber beim Essen hört die Feindschaft auf. Natürlich gehört Taiwan in den Kosmos der kulinarischen Überlieferung Chinas, was ich absichtlich so formuliere, denn *die* chinesische Küche gibt es nicht. Keinem Chinesen oder Taiwaner würde das Angebot eines herkömmlichen deutschen China-Restaurants auch nur vage bekannt vorkommen. Chop Suey? Nicht einmal das Wort existiert in ihrer Sprache. Was es stattdessen gibt, ist die schier unendliche Vielfalt regionaler Traditionen, geprägt von unterschiedlichen Vorlieben und Zutaten, anderen klimatischen Verhältnissen und so weiter. China ist groß, und obwohl das Wort *Fan* sowohl Essen im Allgemeinen wie Reis im Besonderen bedeutet, bildete Letzterer früher nur südlich des Yangzi das wichtigste Grundnahrungsmittel. Im Norden Chinas war es für den Reisanbau zu trocken und zu kalt, dort aß man stattdessen Nudeln. Noch im 19. Jahrhundert stand der aus Hunan stammende Feldherr Zeng Guofan vor einem Problem, als seine Armee den Befehl erhielt, nördlich des Yangzi zu kämpfen. Seine Soldaten waren allesamt Reisesser, aber in ausreichenden Mengen Proviant mitzuführen war logistisch unmöglich, und eine Nudeldiät drohte Moral und Kampfkraft der Truppe empfindlich zu schwächen. Der General bat daher seinen Schüler Li Hongzhang – später einer der Architekten des Vertrags von Shimonoseki, der alle taiwanischen Reisesser zu Untertanen Japans machte –, in dessen Heimatprovinz Anhui eine neue Armee auszuheben. Anhui liegt am Yangzi, direkt an der Grenze zwischen Nord und Süd, wo die Menschen an den Verzehr von Reis wie von Nudeln gewöhnt waren – nicht nur kulinarisch erweiterte das die Möglichkeiten, sondern auch militärisch.

Mao Zedong, ebenfalls aus Hunan stammend, beschäftigte noch als Großer Vorsitzender in Peking ausschließlich Köche aus seiner Heimat – zum Leidwesen anderer Parteikader, die mit ihm speisen mussten, obwohl die Hunan-Küche für ihren Gaumen viel zu scharf war. Heute leben in den großen Metropolen Chinas zwar Leute aus dem ganzen Land, aber nicht wenige ziehen Restaurants vor, wo die vertraute Küche ihrer Heimatregion serviert wird. Das chinesische Nationalbewusstsein ist ein Produkt des späten 19. Jahrhunderts, das derzeit viel propagandistisches Testosteron verabreicht bekommt, aber nicht zuletzt die Küche sorgt für eine Verwurzelung in der Region, die mir stärker zu sein scheint als bei uns. Der kulinarische Patriotismus der Chinesen beruht auf dem Konsens, dass man nirgendwo besser essen kann als in China; an der Frage, wo im Reich der Mitte man am besten isst, scheiden sich die Geister wieder.

Trotzdem bleibt Essen eine gesellige Angelegenheit, das gilt in der chinesischen Küche in besonderer Weise. Die traditionelle Tischform ist rund, mit einer rotierenden Platte in der Mitte. Alles wird geteilt, Kommunikation ist unerlässlich, man muss schauen, wer sich gerade wo etwas nimmt, ehe man selbst aktiv wird. Blicke gehen hin und her, Empfehlungen werden ausgetauscht, Bewertungen abgegeben. Hat jeder einen eigenen Teller vor sich stehen, fehlt von vornherein ein wesentliches Element. Ein Hauptgericht mit ein bis zwei Beilagen … Wo bleiben Komposition und Abwechslung? Erwächst Aroma nicht aus der Harmonie von Nuancen? In Taiwan werden selbst kleine Snacks oft mit mehreren Soßen, zwei bis drei Kräutern und diversen Gewürzen abgeschmeckt. Sogar der allein speisende Großstadtbewohner erlebt daher bei jeder Mahlzeit eine geschmackliche Sinfonie. Die kulinarische Kammermusik des Westens hingegen empfinden viele Menschen in Taiwan als fade.

Die Insel ist ein Schmelztiegel der verschiedenen chinesischen Küchen. Die große Flucht der 1940er-Jahre spülte Menschen aus fast allen Provinzen nach Taiwan, samt ihrer verschiedenen Geschmäcker und Lieblingsspeisen. Viele Veteranen eröffneten Restaurants und Nudelküchen, die zu Treffpunkten für andere Flüchtlinge aus derselben Region wurden. Gelegentlich entstanden durch die Anpassung alter Rezepte an veränderte örtliche Gegebenheiten neue Gerichte, die heute als typisch taiwanisch gelten, obwohl ihr Ursprung oder jedenfalls die Quelle ihrer Inspiration auf dem Festland liegt. Das klassische Beispiel hierfür sind Rindfleischnudeln *(niurou mian),* was insofern erstaunlich ist, als Rindfleisch traditionell keine wichtige Rolle in der taiwanischen Küche spielte. Kühe waren kostbare Arbeitstiere, deren Verzehr man sich nicht leisten konnte.

Wie so oft ist auch hier nicht mit letzter Sicherheit zwischen Fakten und Mythen zu unterscheiden. Angeblich wurde das inzwischen weltberühmte Gericht von einer aus Sichuan stammenden Soldatenfamilie kreiert, die es in die Nähe der südlichen Hafenstadt Kaohsiung verschlagen hatte. Die Sichuan-Küche, muss man wissen, ist traditionell vor allem scharf. Ich meine wirklich *scharf.* Ich erinnere mich an Besuche in Sichuan-Restaurants, bei denen mir die Augen tränten und der Schweiß auf der Stirn stand (sollten Sie einmal in dieselbe Notlage geraten: Löschen Sie das Feuer in Ihrem Mund nicht mit Getränken, sondern mit weißem Reis! Wenn keiner auf dem Tisch steht, essen Sie die Serviette! Getränke machen alles nur noch schlimmer). Vermutlich war es das Gefühl einer wohlig betäubten Mundhöhle, das die Exilanten in Kaohsiung vermissten, also stellten sie aus der dort bekannten scharfen Bohnenpaste eine Brühe her, gaben in Sojasoße geschmortes Rindfleisch und Nudeln hinzu, ließen alles richtig durchziehen und – stellten enttäuscht fest, dass das Resultat bei Weitem nicht scharf genug war. Ihre Nachbarn allerdings, die von woanders stammten und denen es vor der Sichuan-Küche grauste, fanden die neue Kreation ausgesprochen gelungen. Bald breitete sie sich auf der ganzen Insel aus, und heute sind *Taiwan niurou mian* auch in China ein beliebtes Gericht. Nur in Sichuan mag man sich nicht damit anfreunden.

Ausgehend von der neuen Standardversion wurden zahlreiche Variationen entwickelt, deren bekannteste »Drei Schätze« *(san bao)* heißt, weil Brühe und Nudeln nicht nur mit Fleischstücken, sondern zusätzlich mit Sehnen und Kutteln garniert werden. Ansonsten sind der Fantasie keine Grenzen gesetzt. Die Brühe wird gelegentlich mit Curry angereichert oder mit Tomatensoße gekreuzt, man heizt ihr mit Chili ein, gibt Tee oder ein Tee-Ei hinzu, und wer glaubt, etwas Besonderes geschaffen zu haben, meldet sich beim Taipei International Beef Noodle Festival an, das alljährlich die besten *Niurou mian* des Universums kürt. Es ist der Tag des jüngsten Nudelgerichts. Einer der Teilnehmer des Jahres 2018 versah seine Brühe mit nicht weniger als sechzehn verschiedenen Heilkräutern und ließ verlauten, das Fleisch sei zwar das Mark der Rindfleischnudeln, in der Brühe aber liege ihre Seele … Selbst ein Alltagsgericht, das vier bis fünf Euro kostet, ist in Taiwan keine profane Angelegenheit.

Auf einer einschlägigen Website habe ich den Satz gefunden: Die Hauptzutat der taiwanischen Küche ist Kreativität. Das ist treffend gesagt und verweist auf ein sich beständig erweiterndes Experimentierfeld. Japanische, koreanische, vietnamesische und thailändische Küche bieten vielfältige Möglichkeiten, das kulinarische Erbgut zu erweitern. Koreanisches Kimchi ist im Kommen, japanischer Matcha macht sich breit, Zitronengras aus südlichen Gefilden bereichert heimische Tees, und keineswegs endet die Küchen-Kombinatorik an der Grenze des Kontinents. Spanische Chorizos vertragen sich bestens mit taiwanischen Muscheln, wenn die richtige Soße sie verbindet. Tofu-Eis schmeckt besser, als man denkt, und Sashimi mit Schmelzkäse schlechter, als jedenfalls ich es mir wünschen würde, aber das gehört dazu. Die kulinarische Evolution kennt auch Verlierer – in Taiwan allerdings nur wenige.

Essen made in Taiwan: Reich an Geschmack und Symbolik

Die Insel ist natürlich nicht nur ein Experimentierfeld für importierte Küchen, sondern verfügt auch über eigene regionale Wurzeln. Sie liegen dort, von wo die meisten chinesischen Einwanderer früherer Jahrhunderte zugezogen sind, nämlich in der Küstenprovinz Fujian, deren Küche sich durch einen hohen Anteil an Meeresfrüchten und Fisch und die dominierende Geschmacksrichtung umami auszeichnet. Sollten Sie dieses Wort nicht kennen, es ist eins der wenigen deutschen Lehnwörter aus dem Japanischen. Umami gehört neben süß, sauer, salzig und bitter zu den fünf Grundarten unserer Geschmackswahrnehmung. Auf Chinesisch heißt es *xianwei,* wobei die zweite Silbe »Geschmack« bedeutet, die erste sowohl »frisch« als auch »delikat/geschmackvoll«. Dass das Schriftzeichen *xian* (鮮) das Element für »Fisch« (魚) in sich trägt, lässt erkennen, auf welche Speisen der Ausdruck ursprünglich angewendet wurde. Deren Beliebtheit verdankt sich in Taiwan nicht nur der Nähe zum Pazifik, sondern auch der Knappheit von Farmland, denn aufgrund des Zentralmassivs können zwei Drittel der Insel kaum bewohnt und bewirtschaftet werden. Für das bergige Fujian gilt Ähnliches.

Umami-Gerichte sind typischerweise eher leicht, aber würzig und von großer geschmacklicher Vielfalt. Die Zubereitung ist darauf bedacht, den Eigengeschmack der Zutaten zur Geltung zu bringen, statt ihn durch Gewürze zu überdecken. Man schmort, dünstet und dämpft lieber, als dass man brät, grillt oder frittiert. Eine wichtige Rolle spielen Suppen, Brühen und fermentierte Soßen, oft auf Meeresfrüchten basierend, zum Beispiel Krabben. Gelegentlich sind Zutaten betrunken, das heißt, mariniert in Shaoxing- oder Reiswein. Sternanis ist ein beliebtes Gewürz, das allein oder als Teil des Fünf-Gewürze-Pulvers zum Einsatz kommt. Unter den frischen Kräutern tummeln sich *Xiangcai,* ein Sprössling der Familie Koriander, und ein Gewächs namens »Neunstöckige Pagode« *(jiu-ceng-ta),* das mein Wörterbuch mit »Basilikum« übersetzt, obwohl es ganz anders schmeckt, irgendwie … mehrstöckiger.

Außer für erlesenen Geschmack sind chinesische Gerichte auch für ihre fantasievollen Namen bekannt. »Buddha springt über die Mauer« *(fo-tiao-qiang)* ist das prominenteste Beispiel aus der Küche, die uns hier interessiert. Der Legende nach war einst ein Gelehrter zu Fuß in der Provinz Fujian unterwegs. Seinen Proviant führte er in einem Tongefäß mit sich, wie es für die Lagerung von Wein benutzt wird, und als er in der Hauptstadt Fuzhou ankam, stellte er das Gefäß aufs Feuer, um die verschiedenen Reste darin aufzuwärmen. Das klingt nicht gerade appetitlich, roch angeblich aber so gut, dass im nebenan gelegenen Kloster ein Mönch kurzerhand seine Zelle verließ, um an der Mahlzeit teilzuhaben. Einen der Begleiter des Gelehrten veranlasste das zu dem Scherz, für diese Köstlichkeit würde sogar der Buddha selbst über die Mauer springen. Impliziert ist dabei, dass sich in dem Topf auch Fleisch befand – Haifischflosse machte aus dem Gericht später eine Delikatesse –, das Buddhisten bekanntlich nicht essen dürfen. Auf Englisch spricht man daher von »Buddha's Temptation«.

Aus Gründen des Tierschutzes findet heute eher selten Haifischflossen auf seinem Teller, wer den Buddha über die Mauer springen lässt. Dafür entschädigen je nach Rezept bis zu dreißig andere Zutaten, die von aufgebackenen Wachteleiern bis zu Kammermuscheln und von Bambussprossen bis zu Seegurken reichen. Wer auf Haifischflossen besteht, muss tief in die Tasche greifen: Das China-Restaurant *Kai Mayfair* in London bot das Gericht vor einigen Jahren für 108 britische Pfund an und erwarb sich damit den Ruf, die teuerste Suppe der Welt zu verkaufen. In Taiwan war der sportliche Buddha lange Zeit fester Bestandteil von Staatsbanketten, wurde aus den eben genannten Gründen aber inzwischen disqualifiziert.

Der Reichtum der taiwanischen Küche verdankt sich einerseits der Beziehung zum Festland und der Inspiration durch benachbarte Länder, andererseits dem Klima. Vom Wendekreis des Krebses wird die Insel in einen subtropischen Norden und einen tropischen Süden geteilt, dazu herrschen in den höheren Lagen des Zentralmassivs gemäßigte Temperaturen, das macht drei Klimazonen auf engstem Raum. Im Süden begünstigt die feuchte Hitze den Anbau von Südfrüchten, die für mich zu den großen Genüssen des Alltagslebens gehören: Ananas, Guaven, Litschis, Papayas, Mangos und Melonen sind zu unterschiedlichen Jahreszeiten und für wenig Geld zu bekommen, sie eignen sich gut für Milchshakes und frisch gepresste Säfte, die an jeder Straßenecke verkauft werden. Mangomilch ist mein persönlicher Favorit im Sommer. Weniger angetan bin ich von »shaved ice« (taiw. *tsuabing)*, gefrorenem Wasser, das gehobelt und mit allerlei

Früchten und Soßen garniert wird, etwa roten Bohnen und Kondensmilch. Meine Abneigung dagegen ist allerdings ein echtes Alleinstellungsmerkmal. *Ice Mönster,* der bekannteste Anbieter in Taipei, verdient mit seinem Mango-Tsuabing jeden Sommer Trillionen.

Obst kaufen die meisten Taiwaner auch heute noch eher auf dem Markt als im Supermarkt. Vor wichtigen Feiertagen werden manche Früchte aufwendig verpackt, um als Gastgeschenk bei Besuchen zu dienen. Bei der Auswahl ist jedoch zu beachten, dass einige Obstsorten nicht nur Vitamine enthalten, sondern auch eine Symbolik, die darüber entscheidet, bei welcher Gelegenheit man sie verschenken darf. Grundsätzlich unbedenklich ist etwa die Ananas (chin. *fengli),* deren taiwanischer Name *Ông lái* an den Ausdruck »kommender Reichtum« *(ōng lâi)* erinnert. Daran nehmen auch die keinen Anstoß, bei denen der Reichtum bereits angekommen ist. Mehr Vorsicht verlangt die Birne *(li),* die auf Chinesisch so klingt wie das Verb »trennen, verlassen«, weshalb die Frucht bei Hochzeitsbanketten grundsätzlich fehlt. Frisch Verliebten eine Birne zu schenken ist zumindest unsensibel. Eher sollte man sie mit einer Pampelmuse *(youzi)* ermutigen, denn die klingt wie der Ausdruck »einen Sohn bekommen«. Wenn Paare diesen Wunsch selbst haben, bringen sie Drachenaugen in den Tempel, eine bei uns unbekannte, sehr leckere Frucht, die sich eignet, weil der Drache ein Symbol für männliche Stärke und Macht ist.

Festessen im Familienkreis enthalten oft runde Speisen, zum Beispiel Kugeln aus glutiniertem Reis *(tangyuan),* die süß oder salzig sein können, aber in jedem Fall an positive Dinge wie »Zusammenkunft« *(tuanyuan)* oder »Vollkommenheit« *(manyuan)* erinnern, die alle das Zeichen für »rund« beinhalten. Möglicherweise liegt hierin ein Grund für die traditionelle Präferenz von runden gegenüber eckigen Tischen. Der

Kreis symbolisiert Gemeinschaft und Zusammenhalt. Eine ausgiebige Mahlzeit in harmonischer Gesellschaft ist daher eine runde Sache, deren Bedeutung über den gefüllten Magen weit hinausgeht.

Viel Symbolik liegt natürlich auch bei offiziellen Staatsbanketten auf dem Teller. Als der Bürgerrechtler Chen Shuibian im Jahr 2000 Präsident wurde, ließ er einige Snacks aus seiner Heimatstadt Tainan servieren, um anzudeuten, dass die von manchen Festländern als minderwertig verschmähte Tradition des Südens nun die ganze Nation repräsentierte. Zum Nachtisch gab es einen Kuchen aus Taro – manchmal Wasserbrotwurzel genannt – und Süßkartoffeln. Obwohl Taro ein einheimisches Gewächs ist, wird es in Taiwan oft mit Festländern assoziiert, während die Süßkartoffel für die Taiwaner steht. Der Kuchen sollte die Hoffnung auf ein harmonisches Miteinander beider Bevölkerungsgruppen ausdrücken. Seine Kritiker würden einwenden, dass Präsident Chen, vom Nachtisch abgesehen, wenig für dieses Ziel getan habe.

Nachtmärkte: Flanieren und Probieren

Inzwischen ist Taiwan in ganz Ostasien als Reiseziel für Feinschmecker bekannt. CNN wählte die Insel 2017 in einer Umfrage sogar zum Land mit dem besten Essen weltweit, mit mehr als fünfmal so vielen Stimmen wie die zweitplatzierten Philippinen (aus Europa schafften es nur Griechenland und Italien unter die Top Ten, alle anderen Staaten lagen in Asien). Besonderer Beliebtheit bei hungrigen Touristen wie bei Einheimischen erfreuen sich Nachtmärkte, die heute als typisch taiwanisch gelten, obwohl es sie in China bereits zur Tangzeit (618–907) gegeben hat. In Taipei kamen sie in den 1950er-Jahren in Mode und haben sich schnell auf der ganzen Insel ausgebreitet.

Wie der Name schon sagt, bleiben Nachtmärkte länger geöffnet als kleinere Restaurants, die in Taiwan oft gegen acht Uhr schließen. Die Speisen, die man entweder im Gehen oder auf winzigen Plastikhockern sitzend verzehrt, fallen größtenteils in die Kategorie *Xiaochi,* also »kleines Essen« oder Snack. Gegrillter Tintenfisch ist ein typisches Beispiel, *Bah-ôan* ein anderes: mit Schweinefleisch, Bambussprossen und Pilzen gefüllte Teigtaschen aus Süßkartoffelstärke, die erst gedämpft, manchmal auch noch frittiert und dann mit süßer Soße und frischem Koriander serviert werden. Ebenfalls zu den klassischen *Xiaochi* gehört das Austernomelett, aber wer seine Austern lieber ohne Eier mag, muss nicht zu Hause bleiben, sondern kann *Ô-á mī-sòa* bestellen, dann schwimmen sie in einer würzigen Nudelsuppe. Statt Austern kann man auch Innereien vom Schwein in die Nudelsuppe geben. Statt sie in die Suppe zu geben, kann man die Innereien auch grillen, und wenn ich jetzt aufzählen wollte, was man auf Nachtmärkten noch alles grillt, würde das Kapitel schnell aus dem Teig gehen, denn längst zeigt sich auch hier die Tendenz zur kulinarischen Hybridität. Tempura und andere japanische Snacks sind gang und gäbe, das Steak hat Einzug gehalten – dünner geschnitten als im Steakhouse, sonst wäre es kein *Xiaochi* –, und sogar die deutsche Currywurst wurde vor einigen Jahren auf einem Nachtmarkt in der Hafenstadt Kaohsiung gesichtet. Über ihr weiteres Schicksal ist mir allerdings nichts bekannt.

Eine Sonderstellung unter den Nachtmarktgerichten nimmt der Stinktofu *(chou doufu)* ein. Wie der Name schon sagt, erkennt man sofort, wenn er in der Nähe angeboten wird. In Gewürzlake fermentiert, dann mariniert und gegrillt, wird er meist mit eingelegtem Gemüse und Chilisoße serviert und riecht zwar wirklich schlimm, schmeckt aber gut (ich persönlich mag ihn zumindest lieber als *Zhuxue gao,* Schweineblutkuchen am Stiel). Ausländer können nachhaltig Eindruck schinden, wenn sie vor dem Verzehr nicht zurückschrecken. Stinktofu zu essen ist so etwas wie der erste Schritt zur Einbürgerung.

Nur vereinzelt melden sich inzwischen auch Stimmen, denen der Kult ums taiwanische Essen zu weit geht. So meinte der Autor Wu Ming-yi einmal, Taiwan sei in den Augen seiner asiatischen Nachbarn doch bloß die kontinentale Feinkostabteilung: Man schätzt das reichhaltige Angebot und schlägt sich den Bauch voll, aber selten reicht das Interesse darüber hinaus. Der Einwand ist leider schwer von der Hand zu weisen.

Exotische Genüsse: Die Warteschlange

Wie ich bereits vermerkt habe, liebt man in Taiwan nicht nur das Essen, sondern ganz besonders auch das Gespräch darüber. Kulinarische Konversation verstärkt die Vorfreude auf eine Mahlzeit, erhöht den Genuss währenddessen und verlängert diesen über den Nachtisch hinaus – ohne zusätzliche Kalorien. Wenig später beginnt der Kreislauf von Neuem.

Zu den beliebtesten Themen dieser Kulturtechnik gehört das Ranking. Restaurants, Nudelküchen und andere Etablissement werden umfassend besprochen und bewertet, nicht nur in zahllosen Blogs und Facebook-Einträgen, sondern überall dort, wo Taiwaner sich einer Unterhaltung über ihr liebstes Sujet hingeben. Auffällig ist, dass sich die Geschmäcker zwar naturgemäß unterscheiden, dass aber trotzdem oft Konsens darüber herrscht, wo bestimmte Gerichte am besten schmecken, und zwar gerade bezüglich der alltäglichsten

Speisen, die es an tausend Stellen in Taipei zu kaufen gibt, die an einer aber angeblich am besten sind.

Fu Hang ist ein solcher Fall. Der kleine Laden liegt in der Nähe des Shandao-Tempels, im zweiten Stock eines heruntergekommenen Kaufhauses, und verkauft, was man in Taiwan zum Frühstück verzehrt: würzige und mehr oder weniger reich belegte Pfannkuchen mit Ei, dazu Sojamilch, *Shaobing* (ein unserem Ciabatta ähnelndes Sesambrot) mit Rührei und so weiter. All das kann man wirklich überall kaufen, aber es gibt in Taipei sehr viele Menschen, die bereit sind, sich vor dem Frühstück in eine Schlange zu stellen, die von der Theke durch das Treppenhaus und am Haus entlang bis zum nächsten U-Bahnhof reicht, um es bei *Fu Hang* zu erstehen. Unter den Wartenden befinden sich zahlreiche Touristen aus Hongkong, Japan und Korea, die der Empfehlung ihrer Reiseführer gefolgt sind.

Meine persönliche Meinung lautet, dass kein *Shaobing* so gut sein kann, dass er mich für ein einstündiges Anstehen entschädigt, aber das ist eine völlig untaiwanische Sicht der Dinge. Einheimische hegen große Skepsis gegenüber Restaurants, vor denen man *nicht* anstehen muss, und ich glaube sogar, dass ihnen das Warten keinen Verdruss bereit, da es im Sinne des oben Gesagten zur Einstimmung auf die Mahlzeit dazugehört. Fast könnte man es die erste Vorspeise nennen. Während ich in einer Schlange unweigerlich daran denke, was ich alles tun könnte, *anstatt* zu warten, sind Taiwaner innerlich ganz bei dem, *worauf* sie warten. Mit anderen Worten, das Essen soll nicht für die Wartezeit entschädigen, es ist deren Krönung.

Mit *Ding Tai Feng* in der Xinyi Lu verhält es sich ähnlich. Man bekommt dort kleine, in Bambuskörben gedämpfte Teigtaschen mit verschiedenen Füllungen, aber man bekommt sie erst, nachdem man einen nicht unbeträchtlichen Teil seiner Lebenszeit wartend vor der Tür verbracht und den Gesprächen der Umstehenden gelauscht hat, die über Teigtaschen und ihren Inhalt philosophieren. Wenn ich Freunden sage, dass ich zwar seit über zehn Jahren in Taipei lebe, aber noch nie bei *Ding Tai Feng* gegessen habe, ernte ich jedes Mal denselben Blick: ein Anflug von Mitleid, der im Moment seines Aufkommens der Einsicht weicht, dass der Betreffende es nicht besser verdient hat. Schon Konfuzius sagte sinngemäß: Wenn deine Prioritäten in Unordnung sind, kann dein Herz nicht genießen. Essen aber ist *top priority,* und insofern die Warteschlange vor der Tür die Qualität dessen verbürgt, was drinnen serviert wird, liegt im Warten selbst der Beweis dafür, dass es sich lohnt. Man muss das bloß einsehen … und dann ein bisschen Geduld haben.

Als Deutscher gebe ich meine hart erarbeiteten Überzeugungen allerdings ungern für ein paar Teigtaschen auf. Da *Fu Hang* ganz in der Nähe der Wohnung meiner Schwiegermutter liegt, habe ich einmal dort gegessen. Es war gegen Mittag, als sich die Taiwaner längst auf die nächste Mahlzeit freuten und ich nur zehn Minuten anstehen musste, um den letzten, nicht mehr ganz frischen *Shaobing* zu bekommen. Dass es der beste war, den ich je gegessen habe, kann ich nicht behaupten, und genau deshalb verließ ich den Laden zufrieden. Offenbar war mit meinen Prioritäten alles in Ordnung. *Dafür* eine Stunde anzustehen hätte sich wirklich nicht gelohnt.

Wahlsieg mit Knoblauch: Besonderheiten taiwanischer Politik

In Taiwan ist die Demokratie keine Selbstverständlichkeit. Sie wurde unter großen Opfern erstritten und wird seither mit großem zivilgesellschaftlichem Engagement verteidigt, sowohl gegen die Aushöhlung im Inneren wie gegen Bedrohungen von außen. Bekanntlich tut das Regime in Peking alles, um Taiwan außenpolitisch zu isolieren, und hält am Ziel einer notfalls gewaltsam herbeigeführten Wiedervereinigung fest. Nicht einmal der Beobachterstatus in der Weltgesundheitsorganisation wird Taiwan von Peking zugestanden, was sich während der globalen Corona-Krise erneut als blanker Irrsinn erwiesen hat. Von den Drohgebärden aus Peking lassen sich die Menschen zwar nicht einschüchtern, dennoch findet alle Politik im Schatten einer konkreten Bedrohung statt, das war zu Zeiten der Diktatur so und hat sich durch den Übergang zur Demokratie nicht geändert. »Wie hältst du's mit der Volksrepublik?« ist daher die Gretchenfrage der taiwanischen Politik. Eine verschwindend geringe Minderheit der Menschen wünscht die möglichst baldige

Vereinigung mit dem großen Nachbarn, eine größere Minderheit fordert die sofortige staatliche Unabhängigkeit. Dazwischen stehen die meisten Bürgerinnen und Bürger, deren Standpunkt sich dem schwierigen Abwägen zwischen politischen Prinzipien, gefühlten Loyalitäten und praktischen Zwängen verdankt.

In der älteren Generation der Festländer gibt es immer noch viele, die zwar das kommunistische Regime ablehnen, sich aber als Chinesen fühlen und nicht wollen, dass Taiwan sich vom »Mutterland« lossagt. Viele junge Menschen wiederum sehnen die volle Unabhängigkeit ihrer Heimat herbei, glauben aber nicht, dass sie auf friedlichem Weg durchsetzbar ist, und spüren im Übrigen die Verlockung durch Verdienstmöglichkeiten in Shanghai und anderen chinesischen Städten. Manche sehen für Taiwan gar keine Zukunft und träumen vom Leben in den USA oder Europa, andere sind stolz auf die zivilgesellschaftlichen Errungenschaften und wollen mithelfen, sie auszubauen. Dass Demokratie besser ist als Diktatur, stellt einen breiten, die gespaltene Gesellschaft tragenden Konsens dar – für wie lange noch, wird sich zeigen. Peking hat ein großes Interesse daran, diesen Konsens zu zersetzen, und das Regime ist nicht bekannt dafür, seine Ziele halbherzig zu verfolgen (wohl aber oft ungeschickt).

Der große Bruder in Washington

Dass es Taiwan als eigenständige politische Entität überhaupt noch gibt, ist ebenfalls keine Selbstverständlichkeit. Nach dem verlorenen Bürgerkrieg war die Moral der KMT-Truppen gebrochen, und auch die USA als wichtigster Verbündeter glaubten nicht, dass das geflüchtete Regime in Taiwan überleben würde. In Washington hegte man schon lange keine Sympathien mehr für Diktator Chiang Kai-shek – »Cash-My-Cheque« wurde er genannt, weil er immer neue Finanzhilfen forderte, die dann in seiner korrupten Administration versickerten –, im Januar 1950 gab man ihn auf. Außenminister Acheson umriss in einer Rede Amerikas Sicherheitsinteressen in Ostasien und zog eine gedachte Linie durch den Pazifik, die zwar das besiegte Japan einschloss, die beiden Verbündeten Taiwan und Korea aber nicht. Der Generalissimus tobte, Mao Zedong frohlockte, zögerte jedoch, den Marschbefehl zur »Befreiung« Taiwans zu erteilen. Zwar hatte er riesige Bodentruppen, von denen 800 000 entlang der chinesischen Küste bereitstanden, aber keine schlagkräftige Marine und Luftwaffe. Vermutlich deshalb stimmte er nach Rücksprache mit Stalin zu, dass zunächst der kommunistische Anführer in Nordkorea, Kim Il-sung, seine Truppen in den Süden der koreanischen Halbinsel schicken sollte. Auf Drängen Stalins versprach Mao sogar, den nordkoreanischen Genossen mit chinesischen Truppen auszuhelfen. Der Fall Südkoreas, so hoffte er, werde die Kampfmoral seines Gegners in Taiwan zusätzlich schwächen und den eigenen Feldzug erleichtern. Außerdem zählte er darauf, dass sich die Haltung der USA nicht ändern und die gedachte Linie im Pazifik Bestand haben würde.

Stalins Kalkül war dem genau entgegengesetzt. Er hoffte nämlich, dass die USA in Korea intervenieren und in eine Konfrontation mit China verwickelt werden würden. Davon versprach er sich erstens eine Schwächung Amerikas, die seinen Handlungsspielraum in Europa vergrößerte, und zweitens eine fortdauernde Abhängigkeit Chinas von russischen Militärhilfen. »Hilft uns das im Blick auf das Machtgleichgewicht in der Welt?«, fragte er den tschechoslowakischen Präsidenten Gottwald in einem Brief und gab die Antwort gleich selbst. »Auf jeden Fall.«

Wie so oft ging Stalins Kalkül auf.

Sofort nach Kim Il-sungs Überfall korrigierte Präsident Truman die amerikanische Position. Er schickte Truppen nach Korea, um den kommunistischen Vorstoß aufzuhalten, und die siebte US-Flotte in die Taiwanstraße, um dort erst gar keinen Vorstoß zuzulassen. Diesmal tobte Mao Zedong (und bekam kalte Füße ob des Versprechens, Truppen nach Korea zu schicken), Chiang Kai-shek frohlockte und zögerte nicht, den USA anzubieten, ihren Feldzug mit seiner Armee zu unterstützen. Das lehnte Truman dankend ab, aber sein eigenwilliger Oberbefehlshaber im pazifischen Raum, General MacArthur, bannte die neue Rolle der Insel in ein einprägsames Bild, indem er sie als »unsinkbaren Flugzeugträger« bezeichnete. Taiwan wurde wieder gebraucht. Damit gehörte das KMT-Regime zu den wenigen Gewinnern eines Krieges, dessen militärisches Ergebnis sich darauf beschränkte, den Status quo ante wiederherzustellen, nämlich die bis heute geltende Teilung Koreas entlang des 38. Breitengrads. Der Preis war horrend, die Gesamtzahl der Todesopfer dürfte zwischen drei und vier Millionen gelegen haben, die Hälfte bis zwei Drittel davon koreanische Zivilisten.

Das sinnlose Gemetzel läutete ein neues Kapitel in der stürmischen Beziehung zwischen Taiwan und den USA ein. Vor allem auf dem Feld von Geheimoperationen und Spionage waren die Amerikaner fortan auf ihren pazifischen Stützpunkt angewiesen. Im von uns sogenannten Kalten Krieg, dessen Betriebstemperatur in Ostasien durchweg höher war, beschäftigte die CIA-Station in Taipei über 600 amerikanische Angestellte. »Western Enterprises« hieß das Unternehmen laut Türschild, aber jeder Taxifahrer wusste, was sich dahinter verbarg. Da Washington und Peking keine diplomatischen Beziehungen unterhielten, konnten die USA das abgeschottete Riesenreich nur von Taiwan aus ausspionieren und nahmen in Kauf, dass sie damit das repressive Regime auf der Insel stützten. Es galt das altbewährte Motto: Generalissimus XY (hier Chiang Kai-shek) mag zwar ein Schurke sein, aber wenigstens ist er *unser* Schurke.

Das nächste Kapitel der Geschichte eröffneten Henry Kissinger und Richard Nixon. Ersterer bereitete in geheimer Diplomatie die Annäherung mit China vor und verschaffte Letzterem damit den größten außenpolitischen Coup seiner Präsidentschaft, nämlich den historischen Staatsbesuch in Peking 1972. Bereits 1971 hatten die Vereinten Nationen den Ausschluss der Republik China beschlossen, um stattdessen die Volksrepublik als alleinigen Vertreter Chinas aufzunehmen. Damit begann die heute weit fortgeschrittene außenpolitische Isolation Taiwans.

Fangfrage für historisch Gebildete: Wie stimmte die Bundesrepublik in der für Taiwan so schicksalsträchtigen UN-Abstimmung im Oktober 1971?

Antwort: Gar nicht. Beide deutschen Staaten wurden erst 1973 in die Vereinten Nationen aufgenommen.

Sollten Sie das gewusst haben, wissen Sie sicher auch, wer gegenwärtig Taiwans letzter diplomatischer Verbündeter in Europa ist. Richtig, der Vatikan. Der würde zwar nur zu gern Beziehungen mit der Volksrepublik aufnehmen, wo es viel mehr Katholiken gibt, aber bisher konnten sich beide Seiten nicht darauf einigen, wo der Papst sitzt, in Rom oder Peking, und welcher Konfession er angehört, der katholischen oder der kommunistischen.

Zurück zum Thema. Bis die USA die diplomatischen Beziehungen zu Taipei abbrachen, um sie mit Peking aufzunehmen, dauerte es wegen des Vietnamkriegs noch bis 1979. Seitdem basieren die Beziehungen zu Taiwan auf dem im selben Jahr verabschiedeten Taiwan Relations Act, von dem es gelegentlich in der Presse heißt, er beinhalte Sicherheitsgarantien von amerikanischer Seite. Insofern dies suggeriert, dass sich die USA zur aktiven militärischen Verteidigung Taiwans verpflichtet hätten, ist die Formulierung irreführend, solche Garantien gibt es nicht. Der Text stellt lediglich fest, dass es für die USA »sehr besorgniserregend« wäre, sollte der Status Taiwans mit anderen als friedlichen Mitteln geändert werden; von wem, wird zwar nicht gesagt, aber vermutlich dachte niemand an Samoa. Außerdem verspricht Washington, die Insel durch Waffenverkäufe in die Lage zu versetzen, sich gegen eine Aggression zu verteidigen, wobei Art und Umfang der Waffenlieferungen jeweils von Präsident und Kongress festgelegt werden müssen. Was die USA im Fall eines Angriffs durch die Volksrepublik tun würden, ist durch das Gesetz – denn darum handelt es sich, der Taiwan Relations Act ist kein bilaterales Abkommen – keineswegs vorgegeben. Washingtons vorrangiges Ziel besteht darin, einen bewaffneten Konflikt in der Taiwanstraße zu verhindern und den Status quo zu erhalten. Dazu muss Peking von einer Wiedervereinigung mit gewaltsamen Mitteln abgehalten werden und Taipei von einer formalen Unabhängigkeitserklärung, denn in diesem Fall würde die Volksrepublik ganz sicher zuschlagen. Wobei Pekings Geduldsfaden auch ohne eine solche Provokation reißen könnte. Auf die verzwickte Situation, in die die USA dadurch geraten, komme ich im Epilog noch einmal zurück.

Traditionell – und trotz des historischen »Verrats« durch Richard Nixon – ist Taiwan mit republikanischen Präsidenten besser gefahren als mit demokratischen, weil Erstere zu einer härteren Linie gegenüber China neigen. Traditionell hatte außerdem die KMT bessere Kontakte nach Amerika als die außenpolitisch unerfahrene DPP, aber das gilt so nicht mehr. Die amtierende Präsidentin Tsai Ing-wen von der DPP ist ob ihrer Besonnenheit in Washington deutlich höher angesehen als ehedem Chen Shui-bian. Als sie Donald Trump 2016 telefonisch zu dessen Wahlsieg gratulierte, schlug das international hohe Wellen, Peking schickte sofort die obligatorische Protestnote. In Taiwan sorgte die Nachricht nicht deshalb für Beruhigung, weil man auf das Wohlwollen des zukünftigen US-Präsidenten vertraut hätte, sondern weil sie signalisierte, dass die neue Administration über Verbindungen nach Washington verfügte, die ein solches Telefonat erst möglich machten. Gleichwohl kam Trumps antichinesische Rhetorik in Taiwan ausgesprochen gut an, laut Umfragen wäre er hier 2020 mit großer Mehrheit wiedergewählt worden (ein für mich schwer zu akzeptierendes Faktum). Wie auch immer sich die amerikanische Position in den kommenden Jahren entwickeln wird, für Taiwan bleiben gute Beziehungen zu den USA eine Frage des eigenen Überlebens.

Präsidentschaftswahlkampf 2019: Der unheimliche Aufstieg eines Grasballs

Wahrscheinlich ist es nach den bisherigen Ausführungen nicht mehr nötig, trotzdem möchte ich betonen, dass ich bezüglich der taiwanischen Politik nicht unparteiisch bin. Meine Sympathien für die KMT sind begrenzt. Es gibt in dieser Partei vernünftige Köpfe, aber als ganze hat sie es meiner Meinung nach versäumt, ihre verbrecherische Vergangenheit aufzuarbeiten, und stilisiert sich stattdessen zum Opfer eines angeblichen Rachefeldzugs der DPP. Nach der Demokratisierung hat sie ihre traditionellen Stützen – Militärs, Beamte und Lehrer – durch viel zu hohe Altersbezüge an sich gebunden und damit der jüngeren Generation und dem ganzen Land massiv geschadet. An der DPP wiederum gibt es einiges zu kritisieren. Die Partei verfügt über eine starke und starre, die Unabhängigkeit mit allen Mitteln anstrebende Fraktion, die jede pragmatische Haltung als Verrat an der Sache verteufelt. Gegen Korruption und Filz ist sie keineswegs immun, trotzdem halte ich sie für eine progressive und inzwischen mit ausreichender Erfahrung ausgestattete Kraft, die Taiwan grundsätzlich in die richtige Richtung führt. Niemand muss dieser Ansicht zustimmen, aber sie wird die folgenden Abschnitte färben.

Und damit auf in den Wahlkampf! Wer die taiwanische Demokratie in Aktion erleben will, sollte das Land besuchen, wenn sich das politische Geschehen viel mehr als in Deutschland auf der Straße abspielt. *Sao jie* lautet der Ausdruck für die Hauptaktivität der Wahlkämpfer: Straße fegen. Damit ist keine Säuberung mit Besen und Kehrschaufel gemeint, sondern Omnipräsenz im öffentlichen Raum. Im offenen Jeep werden Kandidatinnen und Kandidaten umhergefahren, meist mit einer Schärpe um den Oberkörper, auf der die Nummer steht, unter der sie auf dem Wahlzettel zu finden sein werden. Mit Räucherstäbchen in den Händen beten sie in allen Tempeln ihres Wahlbezirks, auf Nachtmärkten ziehen sie von Stand zu Stand, sie schütteln Hunderte Hände und machen ebenso viele Selfies – das alles ist nicht grundsätzlich anders als bei uns, aber massiver, kleinteiliger, alltäglicher. Sagen wir es so: In Deutschland muss man sich bemühen, seinen Wahlkreiskandidaten draußen zu treffen, in Taiwan müsste man erhebliche Umwege in Kauf nehmen, um ihm oder ihr zu entgehen. Bei einem weihnachtlichen Nachbarschaftsessen im Wohnblock meines Schwagers, an dem ich 2019 nichts ahnend teilnahm, wurden wir innerhalb einer Stunde von sämtlichen Kandidatinnen und Kandidaten des Wahlkreises heimgesucht. Mit einem Pulk von Helfern zogen sie von Tisch zu Tisch, brachten einen Toast aus und sangen entweder *Jingle Bells* oder *We Wish You a Merry Christmas.* Die meisten Gäste des Banketts ließen es stoisch über sich ergehen, ich hatte das Gefühl, den Sinn des Ausdrucks »Qual der Wahl« noch einmal auf ganz neue Weise zu erleben.

Nach Weihnachten begann die entscheidende Phase des Wahlkampfs. Für die DPP stellte sich Präsidentin Tsai Ing-wen zur Wiederwahl, eine nüchterne, analytisch denkende Frau, die zwar keine mitreißende Rednerin ist, aber unbedingt seriös und klar in der Sache. Um ihre Kampagne zu unterstützen, erstand meine Frau in Tsais Wahlkampfbüro ein Handtuch mit dem präsidialen Konterfei – eine aus dem Baseballstadion übernommene Weise, Farbe zu bekennen; dort halten Fans immer Handtücher mit dem Namen des Spielers hoch, der gerade den Knüppel schwingt. Für die KMT ging der Bürgermeister von Kaohsiung ins Rennen, dessen Qualifikation für das höchste Staatsamt darin besteht, dass er vermutlich weiß, wie man »Präsident« schreibt.

Sie glauben, ich übertreibe? Ohne Mühe könnte ich den Rest dieses Buches mit Beispielen füllen, die meine Einschätzung untermauern. Han Kuo-yu heißt der Mann, ein Vollblut-Populist, dessen Markenzeichen leere Versprechungen sind. Meistens sagt er einfach das, wovon er glaubt, dass es ihm in diesem Moment nützen kann. Als er merkte, dass sein Charme bei jungen Menschen nicht verfing, versprach er vollmundig, als Präsident allen taiwanischen Studierenden ein Jahr im Ausland zu finanzieren. Stunden später kursierten im Internet erste Berechnungen, was das kosten würde – die Summe konnte sich sehen lassen. Nach zwei Tagen und deutlich leiser als zuvor präzisierte der Kandidat sein Vorhaben: Er werde als Präsident umgehend prüfen, welche Möglichkeiten es für die Regierung gebe, einige besonders qualifizierte junge Menschen in ihrem Vorhaben zu unterstützen, eine gewisse Zeit außerhalb Taiwans zu studieren. Dass es solche Stipendien längst gab, war ihm offenbar nicht bewusst.

Mit Han Kuo-yus Nominierung begann ein Schaulaufen der Peinlichkeiten, wie es auch die an Kuriositäten nicht arme taiwanische Politik zuvor nicht gekannt hatte. Als Erstes nahm der seit gerade einem Jahr im Amt befindliche Bürgermeister einen dreimonatigen *leave of absence,* um sich ganz auf den Wahlkampf zu konzentrieren, und im Sinne der Chancengleichheit forderte er von der amtierenden Präsidentin dasselbe. Seine Wertschätzung für das angestrebte Amt war offenbar so gering, dass er glaubte, man könne es auch mal drei Monate ruhen lassen. Im Fernsehen sah ich einen mit Handykameras aufgenommenen Clip, in dem junge Leute in einem Taipeier Club tanzten und laut sangen: »Han Kuo-yu ist ein Grasball.«

Caobao, die ungefähre Entsprechung zum deutschen Vollpfosten.

Für die DPP war die Kandidatur von Bürgermeister Han trotzdem gefährlich. Hinter ihm standen nämlich wohlhabende Männer, die besser rechnen und klarer denken konnten als ihr Kandidat und die über mediale Mittel verfügten, um seine Kandidatur zu pushen. In KMT-treuen Fernsehsendern war rund um die Uhr Han Kuo-yu zu sehen, die Präsidentin kam so gut wie gar nicht vor. Reiche Unternehmer mögen die KMT, die für enge wirtschaftliche Verbindungen zu China steht, während umgekehrt Chinas Kommunisten die KMT zwar verachten, weil sie das Volk nicht im Griff hat, aber immerhin halten sich ihre Vertreter für

Chinesen und reden nicht dauernd von taiwanischer Identität. Aus Pekinger Sicht zeugt das schließlich von gefährlicher geistiger Verwirrung.

Bevor ich erzähle, wie die Kampagne des Grasballs endete, muss ich in einem Exkurs zwei Schlagworte erläutern, die den taiwanischen China-Diskurs seit Jahrzehnten bestimmen und folglich auch im jüngsten Wahlkampf allgegenwärtig waren. Eins lautet »Ein Land, zwei Systeme« *(yi guo liang zhi)*, das andere ist der berühmte »Konsens von 1992« *(jiu'er gongshi)*.

Diplomatie oder Die umstrittene Identität von eins und zwei

Der Exkurs führt uns mitten hinein in den Kopf von Deng Xiaoping (kurzes Innehalten, damit sich unsere Augen an die Dunkelheit gewöhnen). Anfang der Achtzigerjahre dachte der Vater der chinesischen Reformpolitik darüber nach, wie sich die Vereinigung Chinas mit den seinerzeit nicht von Peking beherrschten Territorien Taiwan, Hongkong und Macau vollziehen könnte. Über die beiden letzteren würde man mit Großbritannien bzw. Portugal verhandeln müssen, aber das de facto unabhängige Taiwan war ein anderer Fall.

Dass niemand auf der Insel von der Kommunistischen Partei regiert werden wollte, wusste Genosse Deng. Er erfand daher die Formel »Ein Land, zwei Systeme«, die auf dem Papier bedeutet, dass Taiwan nach einer friedlichen Vereinigung bestimmte Teile seines politischen und wirtschaftlichen Systems behalten darf. Staatliche Einheit bei unterschiedlicher gesellschaftlicher Praxis, könnte man sagen. Der Gang der Geschichte gab der chinesischen Führung zuerst in Hongkong (1997) und Macau (1999) die Gelegenheit, das

Prinzip jeweils für eine Übergangszeit von fünfzig Jahren festzuschreiben, aber gemeint war es ursprünglich als Blaupause für die Vereinigung mit Taiwan.

Die gewaltsamen Proteste, die im Sommer 2019 in Hongkong ausbrachen, wurden in Taiwan mit großer Anteilnahme verfolgt. Hunderttausende gingen gegen ein geplantes Gesetz auf die Straße, das Auslieferungen in die Volksrepublik ermöglichen sollte. Für viele Taiwaner bewies das von der Regierung geduldete brutale Vorgehen der Polizei, dass »Ein Land, zwei Systeme« kein pragmatischer Modus ist, um für die Dauer von fünfzig Jahren die Freiheitsrechte der Bevölkerung zu sichern, sondern ein rhetorischer Deckmantel, hinter dem die schrittweise Aushöhlung dieser Rechte geschieht. Ein Land und Punkt. Wo VR China draufsteht, ist keine Demokratie drin. Als im Juli 2020 das nationale Sicherheitsgesetz folgte, war endgültig klar, dass Peking innerhalb seines Einflussbereichs kein zweites System duldet. Freiheitsliebende Taiwaner folgerten, dass sie sich davor hüten mussten, die eigene Insel als »Teil von China« zu deklarieren.

Eng mit Hongkong verbunden ist auch das zweite Schlagwort, das uns hier interessiert. Im Oktober 1992 trafen sich in der britischen Kronkolonie Vertreter der KMT und der Kommunistischen Partei Chinas, um zu reden. Was genau sie besprachen, ist nicht bekannt, denn das geheime Treffen endete ohne offizielle Erklärung, aber es muss um das Ein-China-Prinzip und die Frage gegangen sein, wie man es beiderseits der Taiwanstraße verstand. Erst acht Jahre später, als zum Entsetzen der KMT der Unabhängigkeitskämpfer Chen Shui-bian im Präsidentenpalast saß, bürgerte sich für das Resultat der Gespräche der Ausdruck »Konsens von 1992« ein. Es gibt nur ein China, lautet der, aber beide Seiten haben unterschiedliche Auffassungen darüber, was mit »China« gemeint ist.

»Agree to disagree«, würde man auf Englisch sagen. In Peking verstand man unter »ein China« natürlich, dass es nur die Volksrepublik gibt, zu der auch die Insel Taiwan gehört, egal wie deren Bewohner darüber denken. Die KMT hingegen glaubte, dass es nur die Republik China gibt, welche de jure Souveränität über das gesamte Festland hat, wenngleich es de facto an den Mitteln mangelt, diese durchzusetzen. Nun kann man fragen, welchen politischen Wert eine Einigung besitzt, die genau genommen doch festhält, dass man sich *nicht* einig ist; eine mögliche Antwort lautet: Genau darin liegt ihr Wert. Wenn Diplomatie die hohe Kunst der friedenserhaltenden Uneindeutigkeit ist, muss man das Kunststück von 1992 geradezu genial nennen, denn es erlaubte, den Fortbestand zweier diametral entgegengesetzter und sich wechselseitig ausschließender Ansichten – ausgerechnet! – als *Konsens* zu bezeichnen. Frei nach dem Motto: Ich halte deine Meinung für so falsch wie du meine, also sind wir uns einig.

Die damals Beteiligten sahen den Wert allerdings woanders: Der vermeintliche Konsens sollte jene ausgrenzen, die glaubten, dass es tatsächlich nur ein China gibt, daneben aber noch ein Taiwan, das zu diesem China nicht dazugehören will. Kein Wunder, dass die DPP mit der Vereinbarung nie etwas anfangen konnte. Nach Tsai Ing-wens Wahlsieg 2016 verlangte die chinesische Regierung, sie solle als erste Amtshandlung den Konsens von 1992 anerkennen, was sich als Aufforderung zum politischen Selbstmord verstehen ließ, denn Tsais Anhänger würden ihr einen solchen Schritt niemals verzeihen. Ihre folgerichtige Weigerung zog den Abbruch aller bilateralen Gespräche nach sich.

Die KMT wiederum hat den von ihr ausgehandelten Konsens lange Zeit verteidigt, weil sie darin nicht zu Unrecht ein Mittel sah, den Status quo zu erhalten und den

Ausbruch von Feindseligkeiten in der Taiwanstraße zu verhindern. Im Januar 2019 allerdings hielt Tsai Ing-wens wichtigster Wahlkampfhelfer eine viel beachtete Rede: An die »Landsleute auf Taiwan« gerichtet, machte der chinesische Präsident Xi Jinping klar, dass der Konsens von 1992 und das Motto »Ein Land, zwei Systeme« letztlich denselben Inhalt und vor allem dasselbe Ziel haben, nämlich den zügig herbeigeführten Anschluss Taiwans an das Mutterland. Mit anderen Worten: Es gibt keine zwei Auffassungen darüber, was China ist und wer es regiert. Damit geriet die KMT in eine bis heute ungelöste Notlage, denn sie will zwar am Konsens festhalten – Kandidat Han Kuo-yu hat das im Wahlkampf mehrfach betont –, kann aber nicht mehr zeigen, worin er bestehen soll. In charakteristischer Doppelzüngigkeit hat ihn das chinesische Regime aufgekündigt, fordert von Taiwan aber weiter seine Anerkennung, die damit automatisch zur Unterwerfung unter Pekings Machtanspruch führen würde.

»Gefrorener Knoblauch! Gefrorener Knoblauch!«

Zwei Tage vor der Wahl werde ich plötzlich nervös. Wochenlang hat die Präsidentin in den Umfragen stabil und zweistellig geführt, während der Herausforderer bisweilen auftrat, als wollte er die eigene Kandidatur sabotieren. Den harten Kern seiner Anhänger allerdings stört das nicht, und kurz vor der Wahl sehe ich mit eigenen Augen, wie viele Menschen das sind. Hunderttausende strömen zur Abschlusskundgebung vor den Präsidentenpalast. Meine Frau hat sich geweigert, mich ins Feindesland zu begleiten, sie besucht lieber die Veranstaltung von Rockstar-Politiker Freddy Lim vor dem Drachenberg-Tempel.

Als ich in Ximending aus der U-Bahn steige, kommen mir bereits die ersten Menschen entgegen. An den mitgeführten Flaggen der Republik China, die man auf DPP-Kundgebungen nie sieht, sind sie leicht als KMT-Anhänger zu erkennen. Es ist ein schöner milder Januarabend (in Taiwan kein Oxymoron), und je näher ich dem Veranstaltungsort komme, desto voller werden die Straßen. Vor dem NTU-Krankenhaus gibt es fast kein Durchkommen mehr. Überall Flaggen, Wimpel und irritierende Slogans wie »Die Fahne beschützen, die Söhne beschützen, die Enkel beschützen«. Was ist mit Töchtern und Enkelinnen, möchte man fragen. Es soll ja gut sein, ab und zu die eigene Blase zu verlassen, trotzdem wird mir immer mulmiger zumute. Zweimal greifen wildfremde Menschen nach meiner Hand und bedanken sich für meine vermeintliche Unterstützung. »Papa Han beschützt euch«, lese ich auf einem Poster über dem lächelnden Konterfei des Bürgermeisters. Auf der nächsten Kreuzung sitzen Frauen mittleren Alters im Kreis und brüllen den Namen ihres Helden, bis sie heiser werden.

Kurz vor der Wahl dürfen in Taiwan keine Umfragen mehr veröffentlicht werden, und während ich mich durch die Menge schiebe, frage ich mich bange, ob vielleicht alles anders kommen wird als gedacht. An diesem Abend hatte ich vorwiegend ältere Menschen erwartet, sehe aber Vertreter aller Altersgruppen, geeint durch den Glauben an das Narrativ der KMT: Wir haben Taiwan vor dem Kommunismus beschützt und reich gemacht, wir sind der Garant von Sicherheit und Wohlstand. Daran ist manches richtig, trotzdem verstehe ich nicht, wie man für diesen Kandidaten auf die Straße gehen kann. Wäre ich Journalist, müsste ich jetzt mit Leuten sprechen, sie nach ihren Überzeugungen und Ängsten fragen, aber ich bin überrascht und geradezu gelähmt von der Wucht meines Widerwillens. Als Ausländer könnte ich ja über den Dingen stehen, wählen darf ich sowieso nicht. Tatsächlich will ich einfach nur weg. Das Gedränge wird immer dichter, und als das Osttor in den Blick kommt, gibt es endgültig kein Durchkommen mehr. Von der Bühne bin ich noch mehrere Hundert Meter entfernt.

»Wie sieht es vor dem Drachenberg-Tempel aus?«, texte ich meiner Frau.

»Keine Ahnung, ich esse noch.« Keine gänzlich überraschende Antwort.

»Ich fahre jetzt dahin.«

»Machen dir die *Han-fen* Angst?«, fragt sie mit Smiley. *Han-fen* oder »Fans von Han« ist der geläufige Ausdruck für die Hardcore-Unterstützer des Bürgermeisters.

Ich bin nicht stolz auf meinen Rückzug, aber es stimmt: Sie machen mir Angst, und sie befremden mich. Taiwan ist mir zu sehr ans Herz gewachsen, als dass ich dem Geschehen aus besonnener Distanz folgen könnte. Auf einer Querdenker-Demo würde ich es ja auch nicht aushalten, sage ich mir auf dem Rückweg zum U-Bahnhof, wo sich beide Lager auf engstem Raum begegnen, die Fans von Han und jene, die zu Freddy Lim wollen. Kein böses Wort, keine Pöbelei. Taiwans Demokratie, deren Bild im Ausland noch immer von Prügeleien im Parlament geprägt wird, die es auch tatsächlich gegeben hat – und ganz selten immer noch gibt –, ist meistens eine ausgesprochen zivilisierte Veranstaltung.

Eine halbe Stunde später bin ich unter meinesgleichen. Zwar, soweit ich sehe, der einzige Ausländer, aber politisch stehen wir hier auf derselben Seite (und noch einmal: Es ist mir suspekt, dass sich das so gut anfühlt). Freddy Lims Einzug ins Parlament hat vor vier Jahren auch international Aufmerksamkeit erregt, kannte man ihn doch vor allem als Frontmann der Heavy-Metal-Band *Chthonic.* Tatsächlich war er bereits lange zuvor als politischer Aktivist tätig, zum Beispiel für Amnesty International. Ins Parlament zog er als Abgeordneter der aus der Sonnenblumen-Bewegung hervorgegangenen Partei Neue Kraft *(shidai liliang)* ein, die er inzwischen verlassen hat, um als unabhängiger Kandidat, aber in enger Kooperation mit der DPP sein Mandat zu verteidigen.

Wie eng die Kooperation ist, zeigt sich an diesem Abend. Es spricht zum Beispiel Lin Fei-fan, der 2014 einer der Anführer der studentischen Proteste war und inzwischen – ein wenig dicker geworden, was in Taiwans sozialen Medien ausführlich thematisiert wird – stellvertretender Generalsekretär der DPP ist. Er spricht größtenteils Chinesisch und geht mehrfach auf die Situation in Hongkong ein. Um uns herum melden sich junge Leute und skandieren auf Kantonesisch die fünf Forderungen der dortigen Protestbewegung. Wenn Lin zwischendurch ins Taiwanische wechselt, kann sogar ich hören, dass er sich darin weniger wohlfühlt.

Wahlveranstaltungen des grünen Lagers sind stets perfekt orchestriert. Alle Reden werden musikalisch untermalt, stimmungsmäßig genau an den Inhalt angepasst. Das Narrativ lautet: Wir haben Taiwan von der Diktatur befreit und demokratisiert, wir sind der Garant von Freiheit und politischer Souveränität. Pathos schwingt mit, wenn die Erinnerung an die Zeit des Kriegsrechts beschworen und der lange Marsch in die Demokratie rekonstruiert wird. Besonders warmen Applaus bekommt der Mann, der vor zwei Jahren die Bürgermeisterwahl von Kaohsiung gegen Han Kuo-yu verloren hat (der spricht zeitgleich vor dem Präsidentenpalast, was ich mir später im Fernsehen anschaue: eine einzige Beschimpfung des politischen Gegners. Doch gut, dass ich rechtzeitig abgehauen bin).

Gegen 21 Uhr betritt unter großem Applaus Freddy Lim die Bühne. Er ist ein großartiger Redner, sagt meine Frau, die es wissen muss, denn im Gegensatz zu mir versteht sie ihn – da Freddy ausschließlich Taiwanisch spricht, kann ich eine halbe Stunde lang die Atmosphäre in mich aufsaugen, ohne hinzuhören. Dann gibt sich die Präsidentin selbst die Ehre. Ungewöhnlich für eine Kandidatin der DPP, aber gut für mich, bevorzugt auch sie das Chinesische. Eindringlich schwört Tsai Ing-wen das Publikum darauf ein, dass es nicht nur darum gehe, den Präsidentenpalast zu verteidigen, sondern auch die Mehrheit im Parlament. China widerstehen, um Taiwan zu schützen, lautet der Refrain ihrer Rede. Gegen Ende wird die Musik lauter und der Jubel ebenso, Fäuste werden geballt und Fahnen geschwenkt, bis alle im Chor eine Formel skandieren, ohne die keine, aber wirklich keine taiwanische Wahlkampfveranstaltung auskommt: »Gefrorener Knoblauch! Gefrorener Knoblauch!«

Alles klar?

Es ist so: Die taiwanische Sprache verfügt über keine eigene Schrift. Da das auf der Insel gesprochene Chinesisch aber mit taiwanischen Ausdrücken durchsetzt ist, behilft man sich gelegentlich mit Schriftzeichen, die deren Laut nahekommen. Beim Lesen darf man sich nicht von der Bedeutung der Zeichen beirren lassen, denn es geht um ihren Klang. So verhält es sich auch mit *dong suan:* Die beiden Schriftzeichen, die jetzt in poppiger Manga-Ästhetik über die Leinwand hinter der Bühne flimmern, bedeuten eigentlich »gefrorener Knoblauch«. Gemeint ist jedoch, was auf Chinesisch *dang xuan* heißen müsste, also »gewählt werden« oder schlicht »Wahlsieg«. Auch auf KMT-Veranstaltungen, wo traditionell wenig Taiwanisch zu hören ist, würde es niemandem einfallen, auf Chinesisch »*Dang xuan, dang xuan!*« zu rufen, das wäre so, als stimmte ein Bundeskongress der

Jusos nicht die Internationale an, sondern *Der Mond ist aufgegangen*. Irgendwie würde es die Stimmung kaputt machen.

Die Muttersprache der taiwanischen Demokratie ist und bleibt das Taiwanische.

Deshalb also gefrorener Knoblauch. Immer öfter, immer schneller, immer lauter. Irgendwann stimme auch ich in den Chor ein. In Taiwan ist die Demokratie keine Routineübung, sondern eine Herzensangelegenheit und der Staat kein bloßer Apparat, sondern ein lebendiges Ding mit vielen Gesichtern. An der Spitze eine unverheiratete Frau, hinter der keine mächtige Familie steht, sondern in diesem Moment ein junger Mann mit Zopf, der sich nach der Figur aus einem amerikanischen Horrorfilm Freddy nennt. Die Digitalministerin ist transsexuell, und die geklonten Kader in Peking können noch so toben, nach ihrer Pfeife tanzt hier niemand. Bleibt, als die Veranstaltung endet, nur zu hoffen, dass der gefrorene Knoblauch hält, was er verspricht, und die richtige Seite gewinnt.

Zwei Tage später ist es geschafft. Mit mehr Stimmen als je ein demokratisch gewählter Präsident in Taiwan vor ihr wird Tsai Ing-wen im Amt bestätigt. Sie holt etwas über 57 Prozent, auf Han Kuo-yu entfallen 38,6 Prozent, für einen dritten Kandidaten bleibt der kleine Rest. Überraschend, zumindest für mich, verteidigt die DPP auch ihre Mehrheit im Parlament. Knapp gewinnt Freddy Lim erneut seinen Wahlkreis. Die Wahlbeteiligung liegt bei 75 Prozent, obwohl es keine Briefwahl gibt und im Ausland lebende WählerInnen ihre Stimme nur abgeben können, wenn sie zu diesem Zweck nach Taiwan fliegen.

Ich bin ausgesprochen zufrieden, nur eins stört mich: Der deutsche Außenminister hält es nicht für nötig, der taiwanischen Präsidentin zum Wahlsieg zu gratulieren. Guido Westerwelle hatte das 2012 noch getan, als Ma Ying-jeou für die KMT gewann – ein Kandidat, mit dem Peking gut leben konnte. Vier Jahre später, als die in China verhasste Tsai Ing-wen erstmals gewählt wurde, verkniff sich Frank-Walter Steinmeier bereits einen Glückwunsch, lobte aber immerhin die fairen und freien Wahlen und die Verwurzelung der Demokratie in Taiwan. Zu Tsai Ing-wens Wiederwahl schweigt Heiko Maas nun lieber ganz. In Peking wird man es mit Wohlwollen vernommen haben.

Mut, Herr Außenminister, sieht anders aus.

Wie er aussieht, kann man in Taiwan lernen.

PS: Die KMT hat mit der Wahlniederlage einen neuerlichen Tiefpunkt erreicht und scheint immer weniger zu verstehen, wie die Mehrzahl der Menschen in Taiwan tickt. Für ihren Kandidaten sollte es bald noch schlimmer kommen. Gegen ihn wurde in Kaohsiung ein Amtsenthebungsverfahren angestrengt, da sich der Bürgermeister zu wenig um seine Stadt gekümmert bzw. auch dort zu viele Versprechen gegeben und wieder vergessen hatte. Nachdem die erforderlichen Unterschriften beisammen und Han Kuo-yus Versuche gescheitert waren, das Ganze juristisch abzuwehren – u. a. mit dem durchaus triftigen Argument, eine Amtsenthebung könnte seinem Ruf schaden –, begann das offizielle Verfahren. Im Juni 2020 kam es zur Abstimmung, die ein Novum in der Geschichte der taiwanischen Demokratie darstellte und deren Ergebnis eindeutig war: Mit einer Zustimmung von fast hundert Prozent wurde Han Kuo-yu abberufen. Zwar liegt in dieser Zahl eine gewisse Verzerrung, da der Bürgermeister seine letzte Chance frühzeitig darin erkannte, dass weniger als das erforderliche Viertel aller Stimmberechtigten am Verfahren teilnimmt, weshalb er seine Anhängerschaft zum Boykott aufrief.

Trotzdem gaben am Ende über vierzig Prozent der BürgerInnen ihr Votum ab. Bei der Nachwahl zwei Monate später eroberte die DPP das Bürgermeisteramt mit siebzig Prozent der Stimmen zurück.

Eingaben an die himmlische Bürokratie: Religion in Taiwan

Kurz nach der Wahl wird das chinesische Neujahrsfest gefeiert, es beginnt das Jahr der Ratte. Für unsere Ohren klingt das unschön, mit diesem Tier assoziieren wir keine positiven Eigenschaften, aber da ich 1972 geboren wurde, ist die Ratte mein chinesisches Tierkreiszeichen, also könnte 2020 mein Jahr werden, wenn ich etwas dafür tue – und zwar *an tai sui*. Ehe ich den Ausdruck übersetze, muss ich ein wenig ausholen. Leider ist es kompliziert, vor allem, wenn man sich wie ich überhaupt nicht für Astrologie interessiert.

Oberflächlich betrachtet, gibt es Gemeinsamkeiten zwischen den chinesischen Tierkreiszeichen und unseren Sternzeichen, zunächst dieselbe Anzahl von jeweils zwölf. Bei uns korrespondieren diese allerdings mit den Monaten eines Jahres, denn Sternzeichen werden ekliptisch bestimmt, das heißt, aufgrund der Konstellation von Sternen auf der scheinbaren – von der Erde aus gesehenen – Bahn der Sonne. Chinesische Tierkreise hingegen basieren auf dem Zyklus des Jupiters und umfassen daher zwölf *Jahre*. Jedes Jahr steht im

Zeichen eines Tieres. *Tai sui* nennt man den Stern, der dem Jupiter in einem bestimmten Jahr gegenüberliegt. Er wird personifiziert durch einen der sechzig Himmlischen Generäle, die dem Jadekaiser bei der Verwaltung der irdischen Welt helfen. Auf die Zahl sechzig kommt man, indem man die Zwölf mit den traditionellen fünf Elementen – Feuer, Erde, Metall, Wasser und Holz – multipliziert. Das geschieht aus kosmologischen Gründen, die Sie jetzt bitte einfach akzeptieren. *An* heißt »Friede« oder »befrieden«, sodass der Ausdruck *an tai sui* wiedergegeben werden kann mit »Den in diesem Jahr regierenden Himmlischen General befrieden«.

So weit, so gut. Fragt sich als Nächstes, wie ein chinesischer Gott im Generalsrang denn zu befrieden ist.

Nun, ganz einfach: mit Geld.

Um zu verstehen, was im kulturellen Orbit Chinas als Religion gilt, muss der westliche Betrachter zunächst seine gewohnte geistige Umlaufbahn verlassen. In Fernost gibt es keinen Monotheismus, also keinen allmächtigen, allwissenden Schöpfergott, und die Trennung von Diesseits und Jenseits ist weniger strikt als in der abendländischen Tradition. Stattdessen verhalten sich beide Bereiche spiegelbildlich zueinander, mit Übergängen, durch die bedeutende Persönlichkeiten – meistens Herrscher, Generäle oder Gelehrte – nach ihrem Tod in den Rang eines Gottes aufsteigen können. Am besten denkt man sich die chinesische Götterwelt in Entsprechung zur weltlichen Obrigkeit, das heißt, hierarchisch geordnet und nach Zuständigkeiten gegliedert. Alle Anliegen demselben Gott vorzubringen erscheint aus dieser Sicht wenig sinnvoll. Stellen Sie sich eine Großstadt vor, deren Bürgermeister zwar umfassende Vollmachten besitzt, aber keine Beamtenschaft unter sich hat – außer ein paar Engeln ohne exekutive Erfahrung. Glauben Sie, dass diese Stadt gut verwaltet wird?

Da auch chinesische Religionen keine Erfindung jüngeren Datums sind, sollte man sich die Verwaltung im kaiserlichen China vor Augen halten, um ihre Funktionsweise zu verstehen. Dass ein Tempel so etwas wie der Amtssitz *(yamen)* einer Gottheit ist, zeigt bereits die in beiden Fällen identische Architektur. Ein bewachtes Tor, ein Hof, die Haupthalle des Amtsherrn bzw. Hauptgottes und diverse Nebenflügel mit Räumen, die verschiedenen Funktionen dienen. Traditionell gehörten bürokratische Instanzen in China entweder zum zivilen *(wen)* oder zum militärischen *(wu)* Bereich, und auch das gilt für die Götter. In der Regel gibt es eine Hauptgottheit, welcher der Tempel geweiht ist und deren Statue in der Haupthalle steht. So wie jeder Magistrat oder Gouverneur seine wichtigsten Beamten um sich versammelte, wird sie flankiert von anderen, niedriger postierten oder kleineren Statuen, die ihre Entourage bilden. Die Hierarchie setzt sich hier fort; höher gestellte Gottheiten erkennt man an der sitzenden Stellung, die niederen müssen stehen und zeigen oft Furcht einflößend verzerrte Mienen. Kein Amtssitz kam früher ohne Männer fürs Grobe aus, die ausstehende Steuern eintrieben, unliebsame Bittsteller verjagten oder Strafen vollstreckten. Diese Aktivitäten fanden nicht in den Amtsräumen, sondern entweder im Hof oder außerhalb des *Yamen* statt, folglich gilt dasselbe für die entsprechenden religiösen Rituale. In der Halle bringen Besucher ihr Anliegen vor, das heißt, sie beten, verneigen sich und befragen das Orakel. Die Orakelbefragung simuliert das Gespräch, das Bittsteller früher mit dem Amtsherrn geführt haben – wenn sie denn zu ihm vorgelassen wurden.

Mangelnder Zugang ist in heutigen Tempeln kein Problem mehr. In Taiwan hat man eher die Qual der Wahl und kann sich aussuchen, bei welcher Instanz man vorsprechen möchte.

Oma Mazus vielsagendes Lachen

Eigentlich wollten meine Frau und ich zum diesjährigen *an tai sui* in den Drachenberg-Tempel gehen, einen der schönsten und meistfrequentierten Tempel der Stadt, wo neulich Freddy Lim aufgetreten war. Einwanderer aus der Präfektur Quanzhou in Fujian haben ihn im 18. Jahrhundert als ein Stück alter Heimat in der neuen errichtet. Zwischenzeitlich wurde er mehrfach zerstört, das heutige Gebäude stammt aus der Kolonialzeit. Darin wird Guanshiyin verehrt, die Göttin der Gnade, die zur buddhistischen Überlieferung gehört und deren chinesischer Name »Hört die Geräusche der Welt« bedeutet, womit vor allem das Flehen von Menschen in Not gemeint ist. Ein Preisvergleich hat jedoch ergeben, dass der Himmlische General dort mit 800 NT (etwa 24 Euro) befriedet werden will, während es im Mazu-Tempel bei uns um die Ecke schon für 600 NT geht – vermutlich treiben die vielen Touristen beim Drachenberg-Tempel die Preise hoch. Da Mazus Schutz nicht weniger effektiv ist als der von Guanshiyin, entscheiden wir uns für sie.

Offiziell heißt dieser im Jahr 1753 gegründete Tempel Ciyou Gong, also »Tempel des Mitgefühls und des göttlichen Schutzes«. Der Legende zufolge ging ein Mönch am Flussufer entlang und stieß auf fromme Menschen, die zur Göttin Mazu beteten, woraufhin er beschloss, an derselben Stelle einen Tempel für sie zu errichten. Mazu ist eine der populärsten Göttinnen nicht nur in Taiwan, sondern in den gesamten südlichen Küstenregionen Chinas. Wörtlich übersetzt, bedeutet ihr Name »mütterliche Ahnin«, aber man nennt sie auch »Himmelskönigin« *(tian hou),* und ihre Anhänger sagen meistens einfach Mazu-po, »Oma Mazu«.

Als Mensch hieß sie Lin Moniang und lebte gegen Ende des zehnten Jahrhunderts. Der Vorname bedeutet »stummes

Mädchen« und soll ihr gegeben worden sein, nachdem sie bei der Geburt nicht geschrien hatte. Sie blieb ein stilles, belesenes Kind und zeigte früh besondere Fähigkeiten, zum Beispiel konnte sie Regen machen. Wie die meisten chinesischen Einwanderer nach Taiwan stammte sie aus der Küstenprovinz Fujian, aber anders als die meisten heutigen Taiwaner konnte sie schwimmen (warum ausgerechnet Inselbewohner sich scheuen, schwimmen zu lernen, ist ein Rätsel, dem wir hier nicht nachgehen können). Nachdem sie mehrere Schiffbrüchige vor dem Ertrinken gerettet hatte, wurde sie zuerst von Fischern und Seefahrern verehrt. Über ihren Tod gibt es verschiedene Erzählungen: a) Sie ertrank beim Versuch, ihren in Seenot geratenen Vater zu retten; b) sie starb durch zu intensive Meditation; c) sie starb aus Protest, weil man sie gegen ihren Willen verheiraten wollte; und d) sie starb überhaupt nicht, sondern stieg auf einen Berg und fuhr hinauf in den Himmel.

Die Statue im Ciyou Gong gehört zu der in Taiwan weitverbreiteten Spezies der »Mazu mit dem schwarzen Gesicht« *(heimian mazu).* Im Buch eines amerikanischen Sinologen, das sehr kundig die Formierung der taiwanischen Identität am Beispiel der Hafenstadt Keelung untersucht, bin ich auf das Eingeständnis gestoßen, dass der Autor nicht herausfinden konnte, was es mit dem schwarzen Gesicht der Göttin auf sich hat. Offenbar dachte er an eine metaphysische Erklärung, die um den Symbolgehalt der Farbe Schwarz oder geheimnisvolle Kulte kreist. Hätte er besser mal einen Einheimischen gefragt. Ich habe es getan und bekam folgende Antwort: Es ist der Qualm der vielen Räucherstäbchen in den Tempeln, der die Statuen schwarz färbt.

Zwar ist der Zugang zu den Göttern heute kein Problem mehr, aber wer einen Himmlischen General befrieden will, muss sich ausweisen. Das geschieht in religiösen Zusammenhängen mit den acht Zeichen *(ba zi),* die sich aus dem Datum der eigenen Geburt nach dem alten Mondkalender ergeben. Jahr/Monat/Tag/Stunde. Heutzutage ermittelt man das im Internet. Auf Grundlage der acht Zeichen lässt sich außerdem das Gewicht des eigenen Schicksals *(ming)* berechnen. Ehrlich gesagt, habe ich nie richtig verstanden, was es damit auf sich hat; offenbar ist unser Schicksal vorherbestimmt und wiegt in meinem Fall drei Komma neun *liang,* das sind knapp zweihundert Gramm – ein durchschnittlicher Wert. Menschen mit einem schwereren Schicksal neigen dazu, Geister zu sehen, sagt man in Taiwan und meint damit nicht etwa, dass sie verrückt wären, denn es gibt Geister ja, aber nicht alle von uns können sie auch sehen. Mit meinen zweihundert Gramm bin ich diesbezüglich eher stumpf und tatsächlich noch nie einem Geist begegnet.

Während sich meine Frau vor den Götterstatuen verneigt, halte ich mich ein wenig abseits. Der Fachbegriff für meine Stumpfheit lautet Agnostizismus und mag mit metaphysischem Untergewicht zu tun haben, jedenfalls fühlt sich die Teilnahme an religiösen Praktiken – noch dazu solchen, die ich nur unzureichend verstehe – komisch an. Die Pause gibt mir Gelegenheit, ein paar Worte zur Orakelpraxis zu verlieren. Am weitesten verbreitet in taiwanischen Tempeln sind sogenannte Mondblöcke: zwei halbmondförmige Holzstücke, deren eine Seite flach ist, die andere gerundet. Wirft man sie auf den Boden, gibt es drei mögliche Konstellationen: Entweder liegen beide Stücke mit der flachen Seite oben oder beide mit der gerundeten, oder eins liegt so, das andere so. Dem entspricht, dass die Antwort auf die der Gottheit gestellte Frage entweder »Ja« lautet oder »Nein« oder »Weiß nicht«. Letzteres nennt man auf Taiwanisch *tshiò-pue,* ungefähr zu übersetzen mit »die Gottheit lacht«. Als meine Schwiegermutter seinerzeit erfuhr, dass ihre Tochter einen deutschen Freund hatte, ging sie schnurstracks in den Tempel und fragte Oma Mazu, ob wir eines Tages heiraten würden. Gemeint war natürlich: Kann man dem Kerl trauen, meint er es ernst, oder wird er sie eines Tages sitzen lassen?

Oma Mazu lachte.

Ich glaube, sie meinte: Lern ihn kennen, mach dir selbst ein Bild! Dass Götter Humor haben und sich zieren oder ausweichend antworten, ist aus christlicher Sicht ungewöhnlich. Der Gott der Bibel liebt, straft und verzeiht, er sieht und weiß alles, aber er lacht nie. Worüber auch? Humor ist eine Strategie zur Bewältigung dessen, was Philosophen Kontingenz nennen: Die Welt, so, wie sie ist, die wir in ihrem Sosein aber nicht begründen können. Wir Menschen brauchen Humor, um uns mit unserer begrenzten Perspektive abzufinden, und den einst menschlichen Göttern Chinas und Taiwans geht es ebenso. Ein allwissender Gott hingegen ist in einer anderen Position. Versuchen Sie mal, so jemandem einen Witz zu erzählen.

»Kommt ein Mann zum Arzt und sagt …«

»Ich weiß!!«

Meine Schwiegermutter wusste es nicht und wollte Mazus ausweichende Antwort nicht akzeptieren, also ging sie zu einem Wahrsager. Der konnte ihre Frage zwar auch nicht beantworten, hatte aber immerhin eine Beruhigung für sie: »Ich weiß nicht, ob die beiden heiraten werden, aber ich kann Ihnen versichern, dass Ihre Tochter nicht verlassen werden wird. Von keinem Mann, nie!«

Lassen wir die Frage nach dem Wahrheitsgehalt einmal beiseite, dafür ist es offensichtlich noch zu früh. Das Lachen von Oma Mazu zeugt von viel größerer Weisheit als die kalkulierte Antwort dieses Quacksalbers, finden Sie nicht auch?

Der eigentliche Akt des *an tai sui* gestaltet sich so nüchtern, wie man es von einer Bürokratie erwarten darf. Im Seitenflügel des Tempels befindet sich die Kasse. Wir füllen zwei Formulare aus: Name, Anschrift, E-Mail (falls die Göttin Rückfragen hat) und unsere acht Zeichen. Dann wird bezahlt. Im Gegenzug erhalten wir eine Quittung, die in diesem Fall *Ganxie zhuang* heißt, also »Dankesbezeugung«, und ein Amulett, auf dem Oma Mazu aussieht wie Hello Kitty, bloß mit Mund. Obendrein gibt es einen Kuli und einen kleinen Tischkalender mit Mazu-Geschichten.

Pflicht erfüllt. Bis auf Weiteres ist der Himmlische General befriedet.

Wollte man taiwanische Tempel mit einem Versicherungsunternehmen vergleichen – was nicht allzu weit hergeholt ist –, wären die 600 NT für *an tai sui* der Basistarif. Mazu wird ein Auge auf uns haben und dafür sorgen, dass wir in diesem Jahr nicht ertrinken, aber manchmal erwartet man ja mehr vom Leben. Hierfür bietet der Tempel Zusatzleistungen an, natürlich gegen Aufpreis. Ein Poster an der Wand listet die Angebote auf, unterteilt in verschiedene Kategorien von Lichtern *(deng)*, die man entzünden kann, ähnlich den Kerzen in katholischen Kirchen.

Eheglück kostet noch mal 600 NT. Das scheint ein Einheitspreis zu sein, nur für medizinische Anliegen wird das Doppelte berechnet. Was mich davon abhält, auf der Stelle in unser Glück zu investieren, ist nicht Geiz, sondern die Skepsis vor Gewissheiten, die sich als trügerisch erweisen könnten. Das Buch allerdings, das Sie in Händen halten (falls die Götter ihren Job gemacht haben), sowie mein in Arbeit befindliches Romanmanuskript würde ich gern himmlisch versichern lassen und suche auf dem Poster nach der geeigneten Kategorie.

»Hier«, sage ich und zeige auf das Licht von Wenchang, dem Gott der Literaten.

Meine Frau schüttelt den Kopf. »Das ist für Studierende vor wichtigen Prüfungen«, sagt sie. »Du bist ein professioneller Autor, deine Bücher gehören hierher.« Mit Nachdruck legt sie ihren Finger auf das Licht für Vermögensfragen.

Religion und die Frage der taiwanischen Identität

Sollten Sie jetzt glauben, Taiwaner hätten ein rein instrumentelles Verhältnis zur Religion und verstünden Tempel vor allem als Servicecenter für bestimmte Dienstleistungen, liegen Sie falsch. Das religiöse Leben auf der Insel ist äußerst vielfältig. Wer heute einen Tempel besucht, sieht keineswegs nur Leute, die vor dem Kassenschalter anstehen, um ihre Ehe zu retten. Im Hof sitzen alte Männer, spielen Mahjong und trinken Tee, andere Besucher starren auf ihre Smartphones oder schauen gedankenverloren dem Treiben zu. Im Seitenflügel trifft man sich, um gemeinsam buddhistische Sutren zu lesen, an Festtagen gibt es aufwendige Rituale, Feuerwerkskörper werden gezündet und Götterstatuen in langen Prozessionen durch die Straßen getragen. Dreihundert Meter von meiner Haustür entfernt, vor dem Tempel des *Tudi-gong*, wird häufig ein Puppentheater aufgeführt, anderswo dringt aus den Nebenzimmern von Tempeln laute Karaokemusik. Selbst in der Großstadt lassen diese Orte also noch etwas von der zentralen Rolle erahnen, die sie früher in dörflichen Gemeinschaften gespielt haben. Man traf sich und betete, tauschte Neuigkeiten aus, bahnte Ehen an, schlichtete Streit und vieles mehr. Ein Unterschied zwischen Tempeln und den Amtssitzen hoher Beamter bestand darin, dass Letztere nur in Städten zu finden waren, Erstere hingegen in jedem Dorf. Vielleicht könnte man sagen, dass erst ein Tempel aus einer Ansammlung von Häusern ein Gemeinwesen machte.

In China wurden religiöse Traditionen während der Kulturrevolution (1966–76) weitgehend ausgemerzt. Darüber, wie sie in jüngster Zeit wieder auferstehen – manchmal vom Staat gefördert und manchmal von ihm gegängelt oder unterdrückt –, hat Ian Johnson mit *The Souls of China* ein faszinierendes Buch geschrieben. In Taiwan hingegen hat sich die Religion im Lauf der Zeit zwar gewandelt, aber nie ihre Wichtigkeit für das soziale und politische Leben eingebüßt. Ohne sie wäre die Formierung einer eigenständigen taiwanischen Identität im 20. Jahrhundert gar nicht möglich gewesen.

Als die Insel 1895 zur japanischen Kolonie wurde, hatten die chinesischstämmigen Bewohner keinen Begriff davon, dass sie *Taiwaner* waren. Wie am Beispiel des Drachenberg-Tempels gesehen, handelte es sich bei vielen Tempeln um Zweigstellen, wo die Erinnerung an die Herkunft vom Festland bewahrt wurde; diese blieb konstitutiv für die Identität der dort Betenden. Leute fühlten sich weiterhin der Region zugehörig, in der ihre Wurzeln lagen. Die Kolonialherren ihrerseits nannten die Einheimischen abwertend »Eingeborene« *(domin),* was wörtlich so viel wie »Erdmenschen« bedeutet. Als sich dagegen Protest regte, führten sie die Bezeichnung »Bewohner dieser Insel« *(hontō jin)* ein, worin statt nationaler Zugehörigkeit ein doppelter Ausschluss lag: *Hontō Jin* waren weder echte Chinesen noch richtige Japaner, sondern besaßen eine bloß äußerliche, geografisch bezeichnete Identität. In der Folge war es die kleine einheimische Elite – um 1920 konnten nur knapp vier Prozent der Inselbewohner lesen und schreiben –, die auf der Selbstbeschreibung »Taiwaner« *(taiwan jin)* bestand, die nun ein kollektives Schicksal implizierte, nicht zuletzt die gemeinsam erfahrene Diskriminierung durch die Kolonialherren. Bei der schrittweisen Ausbreitung dieses neuen Selbstverständnisses spielte Religion eine wichtige Rolle.

Weil in den Tempeln der Insel nicht nur religiöse Rituale, sondern auch öffentliche Versammlungen durchgeführt wurden, standen sie unter strenger Beobachtung durch die koloniale Polizei. Zu Spannungen hatte das schon früher geführt, die in den 1930er-Jahren eine neue Intensität erreichten, denn im Bemühen der Kolonialherren, alle *Hontō Jin* zu Untertanen des japanischen Kaisers zu erziehen, kam dem Kampf gegen einheimische Religionen besondere Bedeutung zu. Feste und Prozessionen durften nicht mehr durchgeführt werden, Tempel verfielen oder wurden abgerissen und durch Shintō-Schreine ersetzt. Als erst in China und dann im Pazifik Krieg ausbrach, bekam das traditionelle Geisterfest in Keelung Konkurrenz durch ein Ritual zur Ehrung der japanischen Kriegstoten.

Sollten die Kolonialherren vorgehabt haben, Taiwans Bevölkerung gegen sich aufzubringen, hätten sie kaum effektivere Maßnahmen ergreifen können. Vis-à-vis der übergriffigen Fremdherrscher verstanden sich immer mehr Einheimische als eigenständige Gruppe, die nicht bloß ein gemeinsames Territorium bewohnte, sondern über Traditionen verfügte, welche inneren Zusammenhalt stifteten und Unterschiede nach außen markierten – und deren Identität auf dem Spiel stand. Anders gesagt, noch bildeten die Taiwaner zwar keine Nation, wohl aber formierten sie sich durch diese Kämpfe allmählich als Volk.

Nach 1945 sorgten die Festländer mit ihrer Grausamkeit und Herablassung dafür, dass sich das Bewusstsein der taiwanischen Eigenständigkeit eher verfestigte als auflöste. Die Herren wechselten, aber die Diskriminierung blieb, auf die forcierte Japanisierung folgte eine teils noch gewaltsamere Sinisierung. Aus den *Hontō Jin* der Kolonialzeit wurden die *Benshengren,* »Bewohner dieser Provinz«, also Taiwans als einer Provinz der Republik China. Aus heutiger Sicht ist es bezeichnend, dass dieser Ausdruck aus dem politischen Vokabular verschwunden ist, während sich sein Gegenstück gehalten hat: *Waishengren* nämlich, von mir als »Festländer« übersetzt, wörtlich aber »die von außerhalb der Provinz Stammenden« meinend. Aus taiwanischer Perspektive gesprochen, sind es jene, die wegen des verlorenen Bürgerkriegs auf *unsere* Insel fliehen mussten. Daran zeigt sich, wie die Definitionshoheit allmählich auf die Taiwaner übergegangen ist, oder anders formuliert: Parallel zur Demokratisierung hat sich die Taiwanisierung der Gesellschaft vollzogen. Für deren Mehrheit ist »Taiwan« heute eine politische Bezeichnung, keine primär geografische. Sie bezieht sich nicht allein auf eine pazifische Insel, sondern auf ein *Land* mit eigener Geschichte, das nur der Widerstand aus Peking daran hindert, ein auch formal unabhängiger Staat zu werden. Dass ich in diesem Buch stets davon erzähle, was *in* Taiwan – und nicht etwa *auf* Taiwan – geschieht, ist kein Zufall.

Im Geistermonat ruft die Banane

Das religiöse Leben in Taiwan beschränkt sich nicht auf die Tempel. In fast jedem Haushalt steht ein Familienaltar, der den Ahnen geweiht ist. Ahnenverehrung bildet einen wesentlichen Pfeiler der konfuzianischen Tradition und diese wiederum eine Hauptstütze der taiwanischen Gesellschaft. Wir Abendländer sind daran gewöhnt, dass wir nicht gleichzeitig Christen und noch etwas anderes sein können, zum Beispiel Buddhisten, aber ostasiatischen Religionen ist dieser Exklusivitätsanspruch fremd. Die Arbeitsteilung in der himmlischen Bürokratie setzt sich zwischen den Traditionen fort, entsprechend ist die Erziehung in Taiwan konfuzianisch geprägt und betont den Respekt gegenüber Eltern und Lehrern, aber vor wichtigen Prüfungen beten Schüler zu den Göttern des daoistischen Kanons, und die Beerdigungsriten sind fast immer buddhistisch.

Die Wichtigkeit der Ahnenverehrung ergibt sich aus dem Kontinuum von diesseitiger und jenseitiger Welt. Der Respekt, den man den Vorfahren schuldet, endet nicht mit deren Tod, denn im Jenseits setzen sie ihr Leben fort. Damit ihre Seelen Ruhe finden, ist es unabdingbar, sie ordentlich zu beerdigen und hinterher bestimmte Riten zu vollziehen, vor allem regelmäßige Opfer. Am Neujahrsabend wird der Tisch zunächst für die Ahnen gedeckt, und alle verbeugen sich vor dem Altar, ehe das Festmahl für die Lebenden beginnt. Einer ähnlichen Logik folgen die Opfergaben, die am ersten und fünfzehnten Tag des Mondkalenders vor taiwanischen Geschäften ausliegen, sowie das Geistergeld, das in Metallgefäßen auf dem Bürgersteig verbrannt wird. Mit beidem bestreiten die Toten gewissermaßen ihren Lebensunterhalt.

Als im Sommer 2020 mein Schwiegervater starb, bekam er in einem Beerdigungsinstitut *(ling tang)* – die wörtliche Übersetzung »Seelenhalle« trifft die Funktion besser – für etwa zwei Wochen einen Raum zugewiesen, wo auf einem Altar sein Foto stand und wohin Verwandte und Freunde kamen, um der Familie zu kondolieren und dem Toten ihre Reverenz zu erweisen; Letzteres geschah durch dreifache Verbeugung mit einem Räucherstäbchen in den Händen. Vor der Bestattung war dieser Raum gewissermaßen seine vorübergehende Ruhestätte, und zum Service der Seelenhalle gehörte es, dass ihm dreimal am Tag eine Mahlzeit serviert, das heißt, auf den Altar gestellt wurde. Die Familie versammelte sich dort, um Trauerbesucher zu empfangen, buddhistische Priester kamen, um zusammen mit den Angehörigen Sutren zu lesen, die für einen reibungslosen Übergang von dieser in die jenseitige Welt sorgen sollten. Nach der offiziellen Trauerfeier und der Einäscherung wurde die Urne wiederum unter Begleitung eines buddhistischen Priesters in die Familiengruft überführt.

Nicht ordentlich bestattete oder anderweitig vernachlässigte Tote werden zu bösen Geistern. Um sie zu befrieden, müssen im Geistermonat – das ist der siebte nach dem alten Mondkalender, der sich über unseren August und September erstreckt – noch einmal spezielle Rituale durchgeführt werden. Am ersten Tag werden die Geister eingeladen, am fünfzehnten mit besonders üppigen Opfergaben bewirtet und am 29. wieder zurück in die Unterwelt geschickt. Es ist eine Zeit, in der die Grenze zwischen Diesseits und Jenseits noch durchlässiger ist als sonst, weshalb bestimmte Aktivitäten tunlichst zu vermeiden sind: Niemand heiratet im Geistermonat oder wechselt die Wohnung, und wenn möglich, lässt man sich auch nicht operieren – könnte ja sein, dass ein böser Geist dazwischenfunkt. Obsthändler klagen sogar, dass sie in dieser Zeit weniger Bananen verkaufen als sonst, denn die zweite Silbe des Wortes Banane *(xiangjiao)* klingt wie das Verb »rufen/einladen« *(jiao)* und könnte ungebetene Geister anlocken.

Bei Opfergaben im Tempel gilt, dass sie lauwarm, das heißt, halb vorbereitet sein sollten, um den Abstand zwischen Menschen und Göttern zu markieren. Das Essen für die eigenen Ahnen ist hingegen fertig gegart, schließlich bleibt es in der Familie und wird durch die Lebenden verzehrt. Falls Sie einmal bei einer taiwanischen Familie speisen, sollten Sie übrigens einen Fauxpas vermeiden, der ausländischen Gästen gern unterläuft. Insgesamt sind die Tischsitten zwar lockerer als bei uns, man darf ruhig ein bisschen schmatzen oder schlürfen, aber unter keinen Umständen werden die Stäbchen, wenn man sie kurz ablegen will, in den eigenen Reis gesteckt. Das würde die bereits halb verzehrte Mahlzeit als Opfer für die Ahnen deklarieren und gilt als äußerst pietätlos.

Buddhistische Laienorganisationen und Taiwans Zivilgesellschaft

Unter der KMT-Diktatur war die Religion in Taiwan zwar nicht solchen Repressalien ausgesetzt wie in China, aber frei entfalten konnte sie sich auch nicht. Das gilt insbesondere für die als Aberglaube abqualifizierten Traditionen von Buddhismus und Daoismus. Ab den 70er-Jahren änderte sich das schrittweise, und es begann der Aufstieg von Laienorganisationen, die heute einen wesentlichen Pfeiler der taiwanischen Zivilgesellschaft bilden. Anhand ihrer lässt sich zeigen, wie sich die Insel gesellschaftlich modernisiert hat, ohne ihre religiösen Traditionen zurückzudrängen, und wie außerdem unsere Tendenz, Modernisierung außerhalb Europas automatisch als »Verwestlichung« zu verstehen, zu kurz greift. Der Westen, falls es ihn noch gibt, ist auch in Taiwan weniger wichtig, als er glaubt.

Werfen wir einen Blick auf die größte buddhistische Laienvereinigung, nämlich Tzu Chi (Barmherzige Hilfe). Diese heute millionenschwere, global operierende Organisation mit über fünfhundert Büros in fünfzig Ländern ist das Werk einer eigenwilligen taiwanischen Nonne, die 1937 in der abgelegenen Küstenregion Taitung geboren wurde. Beim Tod des Vaters war sie dreiundzwanzig, und angeblich kam sie auf der Suche nach einer geeigneten Grabstätte erstmals in Kontakt mit dem Buddhismus. Statt sich in dessen Lehre zu vertiefen, musste sie zunächst das väterliche Geschäft übernehmen und für ihre Familie sorgen, aber ein Jahr später lief sie von zu Hause davon, um in einem buddhistischen

Tempel zu leben. Die Mutter fand sie und brachte sie zurück. Ein weiteres Jahr später lief die Tochter erneut davon, schloss sich einer Nonne an und wanderte mit ihr zwei Jahre kreuz und quer über die Insel. Entgegen den Regeln, nämlich ohne die zweijährige Lehrzeit bei einem Meister durchlaufen zu haben, rasierte sie sich den Kopf und erklärte sich damit selbst zur ordinierten Nonne. Trotz dieses Verstoßes wurde sie von Meister Yin Shun, einem Pionier des humanistischen, weltzugewandten Buddhismus, als Schülerin angenommen und bekam jenen Namen, unter dem sie heute über die Grenzen Taiwans hinaus berühmt ist, nämlich Cheng Yen, zu übersetzen mit »Bewiesene Ernsthaftigkeit«. Ihrem Namen sollte sie fortan noch gerechter werden als bisher.

Ihrer offiziellen Biografie zufolge war es eine Begegnung mit katholischen Nonnen, die Cheng Yen davon überzeugt hatte, dass Buddhisten den Kampf gegen das Leiden in der Welt führen müssen, statt sich in abstrakten metaphysischen Spekulationen zu ergehen. »Was hat der Buddhismus für die Gesellschaft getan?«, sollen die Nonnen gefragt haben, vermutlich mit einem Anflug selbstgerechter Empörung in der Stimme. Cheng Yen formulierte die Frage um – Was *könnte* der Buddhismus für die Gesellschaft tun? – und gab die Antwort, indem sie 1966 Tzu Chi gründete, zunächst mit einer Gefolgschaft von etwa dreißig Hausfrauen, die mit Minibeträgen bedürftige Familien unterstützten.

Das allerdings war erst der Anfang.

Ohne den wirtschaftlichen Aufschwung der 1970er-Jahre wäre der rasante Aufstieg der Organisation, der bald folgte, nicht denkbar gewesen. In Taiwan entstand eine urbane Mittelschicht, deren Leben sich nicht mehr im Umkreis von Dorftempeln abspielte und die über finanzielle Mittel verfügte, um anderen zu helfen. Da ihre Angehörigen gleichzeitig nach Orientierung in einer sich rapide wandelnden Welt suchten, machte Tzu Chi ihnen ein attraktives Angebot: persönliche Erfüllung und spirituelle Bereicherung durch soziales Engagement. Man könnte auch sagen, es war eine Verbindung von buddhistischer Spiritualität mit den auf die Gemeinschaft gerichteten Werten des Konfuzianismus, die Taiwans Gesellschaft prägten. Diese Mischung kam gut an. Die Organisation wuchs, ihre Hilfsprojekte wurden größer und professioneller, bis Cheng Yen in den 80er-Jahren nationale Berühmtheit erlangte, als sie verkündete, Geld für den Bau eines Krankenhauses in der Küstenstadt Hualian zu sammeln. Angesichts ihrer bescheidenen Ressourcen sah das nach Größenwahn aus, aber die Nonne bewies ihre Ernsthaftigkeit erneut, und am Ende kamen 26 Millionen US-Dollar zusammen. 1986 wurde die Klinik eröffnet.

Nach der Aufhebung des Kriegsrechts 1987 begann die Organisation noch schneller zu wachsen. Zehn Jahre später hatte sie bereits über vier Millionen Mitglieder. Tue Gutes und rede darüber, ließe sich ihr Motto zusammenfassen, denn die PR-Abteilung von Tzu Chi arbeitete ebenso professionell wie die Hilfsdienste. Weitere Kliniken entstanden, dazu eine Universität, mehrere Schulen, Zeitschriften, Radio- und Fernsehsender, später Websites und vieles mehr. Unter Chiang Kai-shek wäre eine derart finanzkräftige und professionell geführte Privatorganisation undenkbar gewesen, die mit der Zeit immer mehr Aufgaben übernahm, die der Staat nicht erfüllen konnte oder wollte, vor allem im Gesundheitswesen. Als 1999 ein Erdbeben weite Teile Zentraltaiwans verwüstete, zeichnete sich das staatliche Katastrophenmanagement durch Langsamkeit aus, während Tzu Chi sofort eine Armee von Helfern in die betroffenen Regionen schickte, wo sie Notunterkünfte bauten, Schulen renovierten und Blut spendeten. Im Jahr 2007 nahm die Organisation hundertfünfzig Millionen Dollar ein. Formal ist sie eine gemeinnützige Stiftung, keine religiöse Vereinigung, und man kann bei den Projekten mitwirken, ohne Buddhist zu sein. Für die Mitglieder ist das Engagement mit sozialem Prestige verbunden, ähnlich gewissen Ehrenämtern bei uns.

Der amerikanische Religionssoziologe Richard Madsen ist in seinem Buch *Democracy's Dharma* der Frage nachgegangen, was Organisationen wie Tzu Chi über die politische Identität des heutigen Taiwan verraten. Wenn in Tzu Chis Publikationen davon gesprochen wird, Taiwan in eine Insel der großen Liebe zu verwandeln, hört Madsen die Stimme eines neuen taiwanischen Nationalismus – nicht in der auftrumpfenden Tonlage, die wir mit dem Wort verbinden, sondern im Sinn einer Vision für das Land, die auf zivilgesellschaftlicher *soft power* statt auf staatlicher Autorität gründet. Diplomatisch isoliert und politisch weitgehend machtlos, kann Taiwan durch Organisationen wie Tzu Chi – die deutlich mehr Vertretungen im Ausland unterhalten als der Staat – ein Bild von sich in die Welt tragen, das weiten Teilen der Bevölkerung gefällt. Innerhalb Taiwans bietet die Organisation ihren Mitgliedern eine Form von Religiosität, in der soziales Engagement wichtiger ist als theologische Spitzfindigkeiten; Letztere spielen in asiatischen Volksreligionen ohnehin keine wichtige Rolle. Statt sich ein Leben lang in die Schriften der Tradition zu vertiefen, spendet man das Geld und die Zeit, die im modernen Berufs- und Familienleben übrig bleiben, um im Gegenzug Selbstbestätigung, Prestige und ein positives Gemeinschaftserlebnis zu erhalten. In anderen – oder gar nicht so anderen? – Zusammenhängen würde man von *win-win* sprechen.

Da die Gründerin Cheng Yen aus Taiwan stammt, gilt ihre Organisation als eher taiwanisch denn festländisch. Das entsprechende Pendant ist Foguang Shan (Berg des Buddha-Leuchtens), dessen Gründer Hsing Yun 1949 nach Taiwan kam und der zeitweise sogar im Zentralkomitee der KMT saß. Dass er sich anders als Cheng Yen auch politisch äußert und zum Beispiel die taiwanische Unabhängigkeit strikt ablehnt, hat ihn zu einer umstrittenen Figur gemacht. Auch Foguang Shan ist heute ein weltumspannender Konzern mit Tempeln in über hundertsiebzig Ländern, der eine Universität, Verlage, Schulen und Krankenhäuser unterhält. Deutsche Zweigstellen gibt es in Berlin und Frankfurt. In den Hauptsitz in der Nähe von Kaohsiung können sich Menschen zur mehrtägigen Meditation zurückziehen und darauf vertrauen, dass sie in den Dharma-Vorlesungen intellektuell nicht überfordert werden – was für die Lehre von Cheng Yen ebenso gilt. Für die intellektuell Anspruchsvolleren gibt es mit Fagu Shan (Berg der Dharma-Trommel) noch eine dritte, deutlich kleinere Laienorganisation, die besonders bei Akademikern und Künstlern beliebt ist.

Allen hier genannten Organisationen werfen Kritiker vor, den Buddhismus zu kommerzialisieren. Das ist, wenn man sich die Aktivitäten anschaut, schwer von der Hand zu weisen. Davon abgesehen, leisten sie aber einen wichtigen Beitrag zur taiwanischen Zivilgesellschaft. Ohne die Demokratisierung wäre ihr Aufschwung nicht möglich gewesen (man vergleiche die Entwicklung mit der Verfolgung der Falun Gong-Anhänger in China), und sie fördern unter ihren Mitgliedern ein Ethos der sozialen Verantwortung. Außerdem tragen sie angesichts eines international isolierten taiwanischen Staates dazu bei, das Land mit seinen 23 Millionen Einwohnern sichtbar zu machen. Richard Madsen nennt es in seinem Buch »moralische Repräsentanz«. Wer daran gewöhnt ist, die eigene Regierung auf allen internationalen Bühnen vertreten zu sehen, wo sie für uns spricht – auch wenn uns missfallen mag, was sie im Einzelnen sagt –, kann sich nur schwer ausmalen, wie sich der Mangel an solcher

Repräsentanz anfühlt. Taiwaner wissen es sehr gut. Religiöse Laienorganisationen mit ihren weitverzweigten Netzwerken helfen mit, die Leerstelle zu füllen und Taiwans Ideale in die Welt zu tragen.

Vom Diktator bis zu den Ureinwohnern: Christen in Taiwan

Presbyterianische Missionare waren auf der Insel schon im 19. Jahrhundert aktiv. Sie hatten zuvor in Fujian gewirkt und sprachen den Minnan-Dialekt, den man heute Taiwanisch nennt, waren also gut gerüstet für den Umgang mit der einheimischen Bevölkerung. Da sie Schulen und Krankenhäuser betrieben, betrachteten die Japaner sie zu Beginn der Kolonialzeit als Verbündete in dem Bemühen, Taiwan zu modernisieren. Das änderte sich mit dem Ausbruch des Pazifikkriegs und der immer aggressiver verfolgten Politik, alle Taiwaner zu Untertanen des japanischen Kaisers zu erziehen. Britische und amerikanische Missionare gehörten plötzlich zu den Feinden Nippons und wurden des Landes verwiesen. Insgesamt dauerte die Unterbrechung ihrer Arbeit aber nicht lange.

Nach 1945 kam es zu einer regelrechten Invasion ausländischer Missionare. Nun durften sie im kommunistischen China nicht mehr arbeiten, erfreuten sich in Taiwan aber der Protektion von höchster Stelle, schließlich besuchte auch Diktator Chiang Kai-shek den methodistischen Gottesdienst. Zu besonderen Anlässen predigte er sogar selbst, bis zu drei Stunden lang! Ob das von Frömmigkeit zeugt oder ob er sich bloß gern reden hörte – eine unter Autokraten nicht eben seltene Eigenschaft –, sei hier dahingestellt. Die methodistische Kirche jedenfalls war regimetreu und wurde hauptsächlich von Festländern besucht. In jüngster Zeit kam aus ihren Kreisen der erbitterte, zum Glück erfolglose Widerstand gegen die Einführung der Ehe für gleichgeschlechtliche Paare. Wenn Sie meine Meinung hören wollen, sie ist simpel: Ohne die Methodisten wäre Taiwan besser dran.

Eine ganz andere Rolle spielten im 20. Jahrhundert die Presbyterianer. Sie missionierten weiterhin vorwiegend unter Einheimischen und Ureinwohnern und gerieten ab den 60er-Jahren in direkten Konflikt mit dem Regime. Dabei ging es zunächst um das Bestreben der KMT, alle in Taiwan gesprochenen Sprachen zugunsten des Chinesischen zu unterdrücken. Presbyterianische Missionare hatten spezielle Umschriftsysteme für das Taiwanische sowie verschiedene indigene Dialekte entwickelt, in denen sie Gesangbücher und Bibeln druckten. Dass Chiang Kai-shek die ketzerischen Bibeln beschlagnahmen ließ, spricht bezüglich seiner Frömmigkeit Bände. Mit der Zeit positionierte sich die presbyterianische Kirche immer deutlicher an der Seite der Unabhängigkeitsbewegung, einige ihrer einheimischen Vertreter wanderten deshalb für Jahre ins Gefängnis.

Insgesamt blieben die Erfolge der christlichen Mission bescheiden. Betrug der Anteil der Christen in Taiwan zwischenzeitlich sechs bis acht Prozent, ist er seit dem Aufstieg von buddhistischen und daoistischen Laienorganisationen wieder rückläufig. Wie es scheint, werden die spirituellen Bedürfnisse der Bevölkerung von den eigenen Traditionen besser bedient. Die große Ausnahme bilden die Ureinwohner, von denen unverändert über achtzig Prozent den diversen christlichen Konfessionen angehören. Die Gründe dafür sind vielfältig.

Taiwans indigene Völker wurden erst von chinesischen Siedlern zurückgedrängt, dann von den japanischen Kolonialherren ausgebeutet und unterdrückt (dazu im folgenden

Kapitel mehr). Nach 1945 hofften viele von ihnen, die Insel werde unter die Fittiche des Kriegsgewinners USA kommen. Das geschah zwar nicht, aber amerikanische Missionare besaßen in den Augen der Ureinwohner ein Renommee, das auf die Religion abstrahlte, die sie verbreiteten. Im Übrigen bot angesichts der aggressiven Maßnahmen des Regimes, alle Menschen zu Chinesen zu erziehen, die Konversion zum Christentum die Möglichkeit, eine von der Mehrheitsgesellschaft verschiedene Identität zu behaupten. Ethnologische und religionssoziologische Studien belegen, wie geschickt zum Beispiel katholische Missionare darin waren, in ihren Gemeinden die Ausübung traditioneller Rituale zu erlauben, sie aber mit neuer Bedeutung zu versehen. So mag es auf den ersten Blick überraschend sein, ist aber nicht widersinnig, dass gerade die Übernahme einer fremden Religion diesen Völkern erlaubte, ihre Andersheit und Eigenheit zu bewahren.

Wushe und Hongye: Die Insel der Ureinwohner

Wir müssen jetzt mal raus aus Taipei, finden Sie nicht auch? Wer sich ausschließlich in der Hauptstadt aufhält, bekommt von Taiwan einen falschen Eindruck. Früher galt, dass die Insel sich teilt in einen von Festländern dominierten, politisch der KMT zuneigenden Norden und einen taiwanischen, die DPP unterstützenden Süden. So klar sind die Gegensätze zwar längst nicht mehr, aber in Städten wie Tainan oder Kaohsiung wird immer noch deutlich häufiger Taiwanisch und entsprechend seltener Chinesisch gesprochen als in Taipei. In den östlichen Küstenregionen um Hualian und Taitung lebt zudem ein Großteil der Ureinwohner Taiwans, was wieder andere linguistische, politische und auch kulinarische Besonderheiten mit sich bringt. Obwohl die Insel kaum größer ist als Baden-Württemberg, sorgen ihre wechselvolle Geschichte, das Terrain und die drei Klimazonen für eine erstaunliche kulturelle Vielfalt.

Taiwaner sind ein ausgesprochen reiselustiges Volk, das seiner Lust im Corona-Jahr 2020 nur im Inland frönen kann.

Der für viele Menschen beinahe obligatorische Kurzbesuch in Japan oder Korea muss virusbedingt ausfallen, an Fernreisen nach Europa oder Amerika ist erst recht nicht zu denken. Umgekehrt kommen natürlich auch keine ausländischen Besucher auf die Insel, Visa werden nicht erteilt, und ich kann froh sein, dass ich inzwischen verheiratet bin und dank einer Sondergenehmigung im Land bleiben darf. Bisher nämlich war ich, obwohl seit Jahren in Taiwan ansässig, visumstechnisch bloß ein Tourist und musste alle drei Monate ausreisen, um mein Aufenthaltsrecht zu erneuern. Meist haben meine Frau und ich das mit kürzeren Ausflügen in die Region verbunden – in diesem Jahr geht das alles nicht, also bleiben wir im Land.

Huandao nennt man Reisen im Inland gerne, »die Insel umrunden«, auch wenn die Route in unserem Fall Orte umfasst, die tief im Landesinneren liegen. Wushe zum Beispiel, das in der Kolonialzeit Musha hieß und 1930 Schauplatz des Massakers war, das im Kapitel über Baseball bereits vorkam. Von dort soll es über den 3275 Meter hohen Hehuan-Pass und durch Taiwans berühmteste landschaftliche Sehenswürdigkeit, die Taroko-Schlucht, zur ebenfalls spektakulär schönen Ostküste gehen. Ein schmaler, von tropischer Vegetation bewachsener Landstreifen, der sich zwischen dem Pazifik und dem steil aufragenden Zentralmassiv dahinzieht. Danach erst wird die Reise einer Umrundung im Uhrzeigersinn gleichen, mit einem Abstecher auf die berüchtigte Grüne Insel, wo während der Diktatur Taiwans politische Gefangene einsaßen. Als letzte Station steht Tainan auf dem Plan, die frühere Hauptstadt im Süden, die zeitweise in holländischem Besitz war, ehe ein cholerischer Kriegsherr namens Koxinga sie 1662 eroberte und damit Taiwans Schicksal bis in die Gegenwart hinein prägte. Mit Mietwagen, Fähre und Zug werden wir acht Tage – oder in Buchform gesprochen: zwei

Kapitel lang – an geschichtsträchtigen und landschaftlich schönen Orten unterwegs sein.

Da ich es nicht mag, immer nur possessiv von »meiner Frau« zu sprechen, ist dies vielleicht eine gute – wenngleich spät ergriffene – Gelegenheit, ihren Vornamen einzuführen. In der eigenwilligen Transkription, die in Taiwan gepflegt wird, lautet er Jo-chiao, die international übliche Pinyin-Umschrift würde daraus Ruoqiao machen. Der Name legt nahe, dass die Trägerin einer berühmten Schönheit des chinesischen Altertums ähnelt. Mit der Aussprache tun sich ungeübte deutsche Zungen schwer, und dass die erste Silbe im vierten Ton (abfallend) und die zweite im dritten Ton (schwingend) gesprochen wird, scheint die Sache zusätzlich zu erschweren. Meine Familie jedenfalls gibt sich seit Langem große Mühe, trotzdem klingt es meist wie ein Ausruf des Erstaunens (Woah!), gefolgt von einem kräftigen Niesen. Umgekehrt werde ich in ihrer Familie gewöhnlich zu einem englischen »Steven«.

Ein tapferer Beamter verliert den Kopf

Die erste Etappe beginnt am Hauptbahnhof von Taipei, wo wir unseren Mietwagen abholen. Von dort geht es zunächst ein Stück die landschaftlich unscheinbare Westküste entlang nach Süden, was mir Gelegenheit gibt, das Hauptthema dieses Kapitels vorzustellen: Taiwans indigene Völker. Im Zuge der politischen Öffnung sind sie trotz ihres Bevölkerungsanteils von nur gut zwei Prozent zu einer gut sichtbaren Minderheit geworden. Früher übliche Bezeichnungen wie »Wilde« oder »Bergmenschen« sind längst nicht mehr akzeptabel. Der Staat tut viel, um die indigene Kultur zu fördern, und sowohl beim Baseball als auch in der Popmusik gehören

Ureinwohner zu den größten taiwanischen Stars, die man, wie beispielsweise die Sängerin A-Mei, in ganz Ostasien kennt. Das ändert jedoch nichts daran, dass die große Mehrheit der Minderheit weiterhin zu den ärmsten Bewohnern der Insel gehört. Im Übrigen beweist die bereinigte Sprache noch nicht, dass die alten Vorurteile tatsächlich verschwunden sind.

Der geografische Ursprung der indigenen Bevölkerung ist unter Ethnologen umstritten. Sprachliche Verwandtschaften legen nahe, dass sie zu den austronesischen Völkern gehört, die von Südchina und Vietnam aus ein Gebiet besiedelt haben, das von den Philippinen über Indonesien und die Inselwelt nordöstlich von Australien bis nach Madagaskar reicht. Die Immigration nach Taiwan dürfte in verschiedenen Wellen erfolgt und vor rund viertausend Jahren abgeschlossen gewesen sein. Bis zum Zuzug durch chinesische Siedler im 17. Jahrhundert lebten die Ureinwohner weitgehend für sich. Weil es erst seit dieser Zeit Aufzeichnungen über sie gibt, wurde ihre Geschichte bis zur jüngsten Vergangenheit nicht von ihnen selbst geschrieben. Das betrifft auch die Einteilung in verschiedene Völker; sechzehn sind derzeit offiziell anerkannt, aber diese Zahl könnte sich künftig noch erhöhen. Die letzte Modifikation erfolgte erst 2014.

Während der Qing-Zeit (1644–1911) konzentrierte sich die chinesische Besiedelung auf das Flachland im Norden und Westen der Insel. Dort lebende Ureinwohnerstämme wurden von den Chinesen schrittweise assimiliert und existieren heute nicht mehr. Die in Taiwan oft zu hörende These, wonach ursprünglich alle Ureinwohner in den Ebenen gelebt hätten und von den Siedlern in die Berge vertrieben worden seien, hat die Forschung inzwischen widerlegt. Ein großer Teil war schon vorher im Hochland ansässig und von der chinesischen Präsenz kaum berührt, denn wenngleich Taiwan ab 1683 formal zum chinesischen Kaiserreich gehörte – als Präfektur der Küstenprovinz Fujian –, endete die Herrschaft faktisch an den gewaltigen Erhebungen des Zentralmassivs.

Anderthalb Stunden sind wir der Autobahn 3 nach Süden gefolgt, nun biegen wir auf der Höhe von Taichung nach Osten ab und fahren direkt auf die Berge zu. Entlang der Strecke wachsen Bananenstauden, Bambus und Betelnusspalmen (von Kokospalmen zu unterscheiden durch die schmaleren Stämme). Jahrhundertelang war das Zentralmassiv mit seinen über zweihundert Gipfeln, die höher als dreitausend Meter sind, ein echtes Grenzland – undurchdringlich, wild und gefährlich. Wem auch immer die Insel unterstand, dessen Gesetze galten hier nicht mehr, und die wenigen Siedler in den Bergen lebten in ständiger Furcht vor Kopfjägern, die ihre Dörfer heimsuchten.

Eine berühmte, aber nicht in allen Details gesicherte Geschichte aus jener Zeit ist die des kaiserlichen Beamten Wu Feng. Im 18. Jahrhundert wurde er in die Alishan-Region geschickt, nachdem Ureinwohner vom Volk der Tsou dort chinesische Siedler überfallen und geköpft hatten. Wu Feng konnte die Sprache der Tsou und sollte als Vermittler tätig werden, was darauf hinauslief, dass er mit einer Mischung von Drohungen und Geschenken versuchte, die Ureinwohner von weiteren Überfällen abzuhalten. 1769 wurde er selbst von den Tsou umgebracht, was sich der Sage nach so zutrug: Wu Feng hatte sich zwar den Respekt der Ureinwohner erworben, es aber nicht vermocht, ihnen die Praxis der Kopfjagd auszureden, die fester Bestandteil der Lebensweise dieser Völker war. Als er das einsah, ritt er ein letztes Mal hinauf in die Berge, um den Anführern des Stammes zu sagen, dass am nächsten Tag ein in Rot gekleideter Mann ihr Gebiet durchqueren werde, und zur Freude der Anführer erlaubte er ihnen, ja ermunterte sie sogar, dem Reisenden aufzulauern und seinen Kopf abzuschlagen.

Das ließen sich die Männer nicht zweimal sagen. Am nächsten Tag versteckten sie sich nahe der von Wu Feng bezeichneten Stelle, und tatsächlich tauchte wenig später ein ganz in Rot gekleideter Reiter auf. Auch sein Gesicht war mit einem Stück roten Stoffes verhüllt. Die Krieger der Tsou töteten ihn und trennten seinen Kopf ab, um ihn als Trophäe in ihr Dorf zu bringen. Als sie jedoch den roten Stoff entfernten, stellten sie entsetzt fest, dass sie niemand anderen als den geschätzten Wu Feng getötet hatten. Voller Reue gelobten sie auf der Stelle, von nun an keine Köpfe mehr zu jagen. Dank des selbstlosen Opfers von Wu Feng war die Insel für chinesische Siedler ein Stück sicherer geworden.

Wie gesagt, dass es sich genau so zugetragen hat, ist unwahrscheinlich. Die japanischen Kolonialherren erkannten aber den Wert der Sage und inszenierten sie in Büchern und Filmen als Legitimation für ihre eigene zivilisatorische Mission, die nicht an der natürlichen Grenze des Zentralmassivs haltmachen sollte. Anders als die Chinesen der Qing-Zeit wollten die Japaner Herren über ganz Taiwan sein.

»Why you want to walk?«

Hinter diesem Wunsch standen handfeste kapitalistische Interessen. Das Zentralmassiv verfügte über reiche Bestände an Kampferholz sowie einer speziellen Zypressenart, die auf Japanisch Hinoki heißt. Früher wurde sie beim Bau von Tempeln und Schreinen verwendet, der berühmte Meiji-Schrein in Tokio beispielsweise ist aus taiwanischem Hinoki gefertigt. Inzwischen ist der Abbau auf der Insel verboten, nur noch Restbestände dürfen für exklusive Möbel und dergleichen verwendet werden. Ein winziger Rest liegt in Form eines Untersetzers auf meinem Schreibtisch in Taipei und verströmt einen köstlichen Zitrusduft, wenn eine heiße Teetasse ihn erwärmt. Mein Traum, eines Tages an einem Schreibtisch aus Hinoki zu arbeiten, dürfte aus finanziellen Gründen unerfüllt bleiben.

Kampferholz wiederum erachtete die japanische Regierung seinerzeit für so wichtig, dass sie ein Monopol darauf erhob. Das aus dem Baum gewonnene Öl wurde u. a. gebraucht, um Zelluloidfilme für Hollywood herzustellen, aber die Bäume wuchsen in unzugänglichen Bergregionen, die die Ureinwohner als ihre Jagdgründe betrachteten. Blutige Konflikte waren die Folge. Paul C. Barclay spricht in seinem Buch *Outcasts of Empire* von regelrechten Kampfer-Kriegen, denen bis 1903 fast zweitausend Japaner und eine unbekannte Anzahl von Ureinwohnern zum Opfer fielen. Bis 1929 kamen noch einmal viertausend tote Japaner hinzu, ein Jahr später ereignete sich das Massaker von Musha, auf das ich gleich zurückkomme.

Die Kolonialherren bekämpften die sogenannten »Wilden« aber nicht nur, sondern begannen auch ihre moderne ethnologische Erforschung. Als Grundlage diente eine aus der Qing-Zeit stammende Zweiteilung, nämlich die zwischen »rohen« *(sheng)* und »gekochten« *(shou)* Wilden. Letztere bewohnten die Ebenen im Norden und Westen Taiwans und galten als halb zivilisiert, da sie mit den chinesischen Siedlern Waren tauschten, teilweise sogar Steuern zahlten. Erstere hingegen wohnten dort, wo die Kampferbäume wuchsen, und zeigten keine Neigung, die staatliche Obrigkeit anzuerkennen. Mit ihnen, folgerten die Japaner, waren rechtliche Abmachungen unmöglich. »Vom Standpunkt des internationalen Rechts aus gesehen gleichen sie Tieren«, schrieb ein hoher Kolonialbeamter gar. Eine Einschätzung mit Folgen. Bekamen chinesische Grundbesitzer eine Entschädigung, wenn ihr Land für koloniale Entwicklungsprojekte gebraucht wurde, gehörten die Wälder des Zentralmassivs nach japanischer Lesart niemandem – dort entrichtete die Kolonialregierung lieber einen Blutzoll.

Ausgehend von der obigen Zweiteilung kamen japanische Ethnologen durch systematische Feldforschung zur Unterscheidung von insgesamt neun Stämmen, die zwar, wie wir gesehen haben, inzwischen erweitert wurde, das Verständnis der Ureinwohner aber bis heute prägt. So geht etwa die Bezeichnung Atayal für jenes Volk, dessen Territorium Jo-chiao und ich an diesem Tag durchfahren, auf japanische Forscher zurück, obwohl schon der Ethnologin Janet B. Montgomery-McGovern in den Jahren 1916–1918 auffiel, dass die Mitglieder des Volkes sich anders bezeichneten. Wie der Titel ihres Reiseberichts *Among the Head-hunters of Formosa* andeutet, übte die Praxis der Kopfjagd auch auf sie eine morbide Faszination aus. In vorkolonialer Zeit scheint sie bei fast allen indigenen Völkern Taiwans verbreitet gewesen zu sein. Männliche Krieger bewiesen auf diese Weise ihren Mut und ihre Tapferkeit. Wer noch keinen feindlichen Kopf erobert hatte, galt nicht im Vollsinne als Mann und durfte Montgomery-McGovern zufolge nicht heiraten. Die Ethnologin berichtet, dass die Frauen eines von ihr besuchten Stammes Taschen in zwei Größen herstellten. Die größere diente dem Sammeln von Hirse, die kleinere nahmen die Männer mit auf die Jagd – sie war gerade groß genug für einen menschlichen Kopf.

Heutige Ethnologen bezweifeln allerdings, dass die Kopfjagd tatsächlich so verbreitet war wie in zeitgenössischen Quellen dargestellt. Bei manchen Völkern scheint sie eine religiöse Bedeutung gehabt zu haben und zur Klärung von Gebietsstreitigkeiten eingesetzt worden zu sein, gleichsam als

Wettkampf: Wer zuerst einen Kopf eroberte, bewies damit, dass er recht (das heißt, die Gunst einer höheren Macht) hatte, und bekam das Gebiet zugesprochen.

Welchen Zwecken die Praxis auch diente, in den Augen der Kolonialherren war sie barbarisch und wurde verboten. Einige Stämme gaben sie von sich aus auf, aber Fotos aus der Zeit beweisen, dass sie zu Beginn des Ersten Weltkriegs keineswegs ausgestorben war, obwohl die Japaner Zentraltaiwan inzwischen weitgehend kontrollierten. Kampferholz wurde im großen Stil abgebaut, oft buchstäblich auf dem Rücken der versklavten Ureinwohner. Ein dichtes Netz von Polizeistationen und Grenzposten durchzog die Berglandschaft, trotzdem kam es immer wieder zu blutigen Zusammenstößen und kleineren Aufständen. Erst als der Widerstand endgültig gebrochen war und viele junge Ureinwohner nicht mehr in den heimischen Wäldern *gegen* Japan, sondern als Soldaten im Pazifikkrieg *für* Japan kämpften, verlor das Zentralmassiv den Charakter eines Grenzlands zwischen den Zivilisationen.

Das für die damalige Zeit erstaunlich vorurteilslose Buch von Montgomery-McGovern ist übrigens immer noch ein großes Lesevergnügen. Besonders amüsant sind die Begegnungen der Autorin mit steifen Kolonialbeamten, in deren Augen eine Frau, die zu Fuß die Territorien der gefürchteten Wilden durchstreifen wollte, schlicht verrückt war.

»Why you want to walk?«, fragte einer von ihnen entgeistert. »Japanese ladies never walk, only coolie-women walk.«

Die unerschrockene Ethnologin erklärte ihm, dass sie offensichtlich keine Japanerin und im Übrigen alles andere als sicher sei, eine Lady zu sein.

Als wir unser erstes Tagesziel, nämlich Wushe, erreichen, klingelt Jo-chiaos Handy. Unsere Registrierung als Ehepaar liegt erst wenige Tage zurück, und es meldet sich das Einwohnermeldeamt mit ein paar Fragen, um auszuschließen, dass sich ein ruchloser Ausländer per Scheinehe die Staatsbürgerschaft der Republik China erschleichen will. Während ich einen Parkplatz suche, erklärt meine Frau geduldig, dass ich ihres Wissens nicht plane, meinen EU-Reisepass gegen das grüne Dokument einzutauschen, mit dem man auf europäischen Flughäfen die tollsten Sachen erleben kann. Sie selbst führt ein privates Ranking von Flughäfen, danach geordnet, welche Scherereien sie bei der Einreise gehabt hat. Den ersten und besten Platz teilen sich Wien und Hamburg, wo man nicht einmal wissen wollte, welchem Zweck ihr Besuch diente, gefolgt von London Heathrow, wo die Frage zwar meistens gestellt wird, aber mit britischer Höflichkeit. Amsterdam war auch okay. In Lissabon mussten wir einmal zehn Minuten lang den Unterschied zwischen der Republik China und der Volksrepublik erklären, und zwar merkwürdigerweise bei der *Aus*reise. Ganz unten auf der Liste steht Berlin-Schönefeld, aber davon fange ich jetzt am besten nicht an.

Jo-chiao beendet das Telefonat mit einem herzlichen Dankeschön. Das ist das Tolle an diesem Land, der Kontakt zu Behörden ist fast immer angenehm. Als ich früher an der Uni beschäftigt war, musste ich jedes Jahr im Mai meine taiwanische Steuererklärung abgeben. Das Ausfüllen des Formulars erledigte ein Helfer im Finanzamt für mich, nach einer halben Stunde hielt ich den fertigen Bescheid (!) in der Hand, und alle waren so freundlich, dass ich am liebsten noch geblieben wäre. Sollte ich eines Tages Regierender

Bürgermeister von Berlin werden, schicke ich sämtliche Beamten der Stadt zur einmonatigen Fortbildung nach Taiwan, mit folgender Anweisung: Sie werden dort nichts verstehen – achten Sie einfach auf den Ton!

Die Zollbeamten von Schönefeld müssen zwei Monate bleiben und jeden Abend Stinktofu essen.

Wir sind nun also in Wushe, dem früheren Musha, wo 1930 das letzte und zugleich prominenteste Beispiel einer groß angelegten Kopfjagd stattgefunden hat. Unter der beschönigenden Bezeichnung »Musha-Zwischenfall« ist es in die Geschichtsbücher eingegangen.

Im Mittelpunkt der Ereignisse stand ein Mann namens Mona Lu-dao (manchmal Ru-dao geschrieben). Er war der Anführer des seinerzeit den Atayal zugeschlagenen, aber seit 2008 als eigenständig anerkannten Volks der Seediq und hatte als junger Mann an einer Art Bildungsreise nach Japan teilgenommen. Mit solchen organisierten Touren hofften die Kolonialherren, einflussreiche »Wilde« von der Überlegenheit der japanischen Zivilisation zu überzeugen. Soweit wir wissen, war Mona Lu-dao von dem, was er sah, durchaus beeindruckt, er bemerkte aber auch, dass japanische Bürger viel besser lebten als die Ureinwohner Taiwans. Die Seediq mussten beim Abbau der Kampferwälder eine schlecht bezahlte Knochenarbeit verrichten, die ihr eigenes Lebensumfeld zerstörte. Um sie besser kontrollieren zu können, hatten die Japaner das Volk zudem gezwungen, seinen nomadischen Lebensstil aufzugeben und sesshaft zu werden. Persönliche Kränkungen kamen hinzu: Mona Ludaos Schwester war mit einem japanischen Polizisten verheiratet – auch das ein gezielt eingesetztes kolonialpolitisches Kontrollmittel –, der sie einfach zurückließ, als er an einen anderen Ort versetzt wurde. Wie schon Montgomery-

McGovern bemerkte, lebten taiwanische Ureinwohner monogam und besaßen einen starken Begriff von ehelicher Treue.

Bei der Hochzeit von Mona Lu-daos Sohn schließlich verweigerte ein japanischer Polizist das gemeinsame Trinken aus einem Gefäß; ein traditionelles Ritual, das soziale Verbindungen über Stammesgrenzen hinweg besiegelte. Dies scheint der berühmte Tropfen gewesen zu sein, der das Fass zum Überlaufen brachte. Gemeinsam mit anderen Anführern begann Mona Lu-dao, einen – wie wir heute sagen würden – Terroranschlag auf die japanische Kolonialgesellschaft zu planen. Am 27. Oktober 1930 war es so weit. Etwa dreihundert Krieger der Seediq überfielen das Sportfest der örtlichen Grundschule und metzelten Männer, Frauen und Kinder nieder. Die meisten der 134 Opfer wurden enthauptet. Zwei von ihnen waren Einheimische, die zur Feier des Tages einen Kimono trugen.

Es war eine grausame, verzweifelte Tat, die beinahe zur Auslöschung des gesamten Volks der Seediq geführt hätte. Die ersten, hastig zum Tatort geschickten Truppen konnten noch zurückgeschlagen werden, aber schließlich mobilisierten die Japaner nicht nur über tausend Soldaten, sondern auch 1400 Krieger von anderen, mit den Seediq verfeindeten Stämmen. Schwere Artillerie, Kampfflugzeuge und sogar Giftgas wurden eingesetzt, bis von den zwölfhundert Mann, die sich in die Wälder zurückgezogen hatten, nur noch fünfhundert lebten. Um ihnen im Guerillakrieg gegen die Japaner nicht zur Last zu fallen, warfen Seediq-Frauen ihre Kinder in eine Schlucht und sprangen hinterher. Zum sogenannten zweiten Musha-Zwischenfall kam es im April 1931, als sich etwa zweihundert Seediq ergaben und von anderen Ureinwohnern kurzerhand enthauptet wurden. Ein Foto von damals zeigt einen japanischen Offizier, der stolz mit den aufgereihten Köpfen posiert. Die mutmaßlichen Täter drängen sich im Bildhintergrund.

Alle überlebenden Seediq wurden auf einer Flussinsel interniert. Mona Lu-dao nahm sich in den Bergen das Leben.

An die schrecklichen Ereignisse erinnert heute in Wushe ein bizarres Denkmal. Wie die vorstehende Skizze deutlich gemacht haben dürfte, handelte es sich beim Musha-Zwischenfall um einen letztlich selbstmörderischen Akt der Notwehr gegen eine Herrschaft, die den Seediq kein Leben im Einklang mit ihren tradierten Sitten erlaubte. Der Gedenkpark allerdings, den die KMT später in Wushe anlegen ließ und den Jo-chiao und ich an diesem Tag besuchen, deutet die toten Seediq zu chinesischen Patrioten um, die ihr Leben im Kampf gegen den Feind des Vaterlandes ließen. Dass Mona Lu-daos Männer mit dem Widerstandskrieg, den die Republik China auf dem Festland gegen Japan führte, nichts im Sinn hatten – wie auch, dieser Krieg hatte 1930 noch nicht einmal begonnen! –, schien die Macher des Gedenkparks nicht zu stören.

Den Eingang bildet ein Tor mit dem martialischen Slogan »Helden, sie vergossen ihr Blut für die gerechte Sache« *(bixue fengying)*. Dahinter wartet eine klotzige Bronzeskulptur, die drei Seediq-Krieger sowie eine Frau mit Kind in geduckter Haltung zeigt, als würden sie im Dickicht dem Feind auflauern. Einer hat in typischer Heldenpose die Faust geballt, das Kind steht im Begriff, einen Stein zu schleudern. In China wie in Taiwan habe ich im Lauf der Jahre unzählige Gedenkstätten besucht, und jedes Mal frappiert mich die identische Ästhetik, diese dröhnende Geschmacklosigkeit, mit der KMT und KPCh ihre Geschichte inszenieren. Die Gewaltsamkeit der erinnerten Ereignisse wiederholt sich in der geschichtsblinden Eindeutigkeit, mit der sie einer einzigen, von oben diktierten Deutung unterworfen werden. Oft ist diese fragwürdig, manchmal – so wie hier – einfach grotesk.

Weiter hinten im Park liegt Mona Lu-daos Grab. Blumen, Geldstücke und eine Schnapsflasche zeigen an, dass er hier weiterhin verehrt wird, wenn auch vor einer Gedenktafel, die ihn zum chinesischen Märtyrer erklärt. Was um alles in der Welt würde er dazu sagen?

Die Nacht verbringen wir unweit von Wushe in einem Ort mit dem Spitznamen »Klein-Europa«. Der verdankt sich den zahlreichen Hotels, die auf achtzehnhundert Metern Höhe bunt gemischt europäische Baustile zitieren: ein englisches Landschloss, eine holländische Windmühle und dazwischen unser Domizil, das aus solidem deutschem Fachwerk besteht, komplett mit Geweihen in den Fluren und einem schweren Bauernschrank im Zimmer. Jo-chiao hat es gebucht, »gegen dein Heimweh«, wie sie lächelnd beteuert. Im Restaurant werden allerdings keine Schweinshaxen serviert – ein Gericht, das Taiwaner unter dem Namen *deguo zhujiao* (deutscher Schweinefuß) kennen und glauben, wir würden es mindestens einmal pro Woche essen. Stattdessen gibt es am Abend die exquisite Küche der Bai. Das ist kein indigenes Volk Taiwans, sondern eine nationale Minderheit aus dem äußersten Südwesten Chinas. Vor 25 Jahren, als die Gegend touristisch noch kaum erschlossen war, habe ich das traumhaft schöne Hochland an der Grenze zu Myanmar mit dem Rucksack bereist. Yunnan heißt die Provinz, das bedeutet so viel wie »Südlich der Wolken«.

Dass die Küche der Bai es in die taiwanischen Berge geschafft hat und in vielen Restaurants der Gegend serviert wird, hat auch mit dem Krieg zu tun. Als die chinesische Armee 1942 von den Japanern immer weiter nach Westen zurückgedrängt wurde, konnte sie Waffen nur über eine von den USA eingerichtete Luftbrücke beziehen, die von Indien aus über den Himalaja führte. Piloten nannten die Strecke »the skyway to hell«, denn sie war so gefährlich, dass in dreieinhalb Jahren fast sechshundert Flugzeuge abstürzten. Aus diesem Grund bestand der amerikanische General Stilwell auf einem Versorgungsweg über Land, der sich mitten durch den burmesischen Dschungel zur chinesischen Stadt Kunming erstreckte. Japans Versuche, den Bau der Straße zu verhindern, resultierten in einigen der grausamsten Kämpfe des gesamten Krieges. Der Roman *Danche shiqie ji (The Stolen Bicycle)* des bereits erwähnten Autors Wu Ming-yi erzählt davon, auch vom beschwerlichen Rückweg nach Kriegsende, der die chinesischen Truppen durch die Provinz Yunnan führte.

Dort kamen viele Veteranen in Kontakt mit der würzig-scharfen Küche der Bai. Einige blieben lange genug, um einheimische Frauen zu heiraten. Dass sie sich, nachdem der Krieg gegen Japan gewonnen, aber der anschließende gegen die Kommunisten verloren war, hier im Hochland des Zentralmassivs ansiedelten, mag mit der Landschaft zu tun haben, die mich beim Essen an meine früheren Streifzüge durch Yunnan erinnert. Einmal lief mir dort eine Horde von Schulkindern hinterher, die vielleicht zum ersten Mal einen Ausländer sahen und mich mit Fragen bombardierten. »Wo kommst du her? Was machst du hier? Wie groß bist du?« Eine Stunde lang wichen sie mir nicht von der Seite. Als ich meinerseits wissen wollte, ob sie den Namen Deutschland schon einmal gehört hätten, wurde es kurz still. Dann hob ein Junge die Hand und rief: »Deutschland, na klar! Da kommt doch der Faschismus her!«

»Eine Kopfjagd im großen Stil«

Am nächsten Morgen regnet es in Strömen. Schon in der Nacht habe ich es donnern gehört, und als ich auf den Balkon trete, ist von der Landschaft nichts zu sehen. Nebel so dicht wie Brei. Die Fahrt über den Hehuan-Pass, auf die ich mich gefreut hatte, wird zu einer haarigen Angelegenheit. Die Straße ist so eng, dass zwei Wagen kaum aneinander vorbeikommen, und hat so spitze Kurven, dass ich aus den Seitenfenstern schauen muss, ob uns jemand entgegenkommt. Oft beträgt die Sichtweite nur wenige Meter. Oben auf der Passhöhe stürmt und hagelt es derart heftig, dass ich auf dem Rastplatz nicht mal aussteigen kann, um zur Toilette zu gehen. Erst auf der anderen Seite und unterhalb von zweitausend Metern wird es allmählich besser. Hier und da fällt der Blick auf ein Wolkenmeer zwischen rauen Berghängen. Als wir uns am Nachmittag Tianhsiang am oberen Ende der Taroko-Schlucht nähern, schaut sogar die Sonne hervor, also legen wir eine Rast ein. Der Ort ist ein beliebtes Ausflugsziel mit vielen kleinen Restaurants. Vor über zwanzig Jahren habe ich ihn zuletzt besucht.

Die Taroko-Schlucht ist ein neunzehn Kilometer langer Canyon, den der Liwu-Fluss durch das Gestein gegraben hat. Senkrecht abfallende Felswände von mehreren Hundert Metern legen einen Schatten auf das grüne Wasser. Leider gibt es, als wir die Fahrt fortsetzen, kaum Stellen, wo wir anhalten könnten, um die eindrucksvolle Szenerie zu bewundern. Nur einmal eine Parkbucht, wo ein paar Affen auf dem Geländer hocken und stirnrunzelnd die Touristen anstarren, die sie eifrig fotografieren. Als wollten sie sagen: Was für eine seltsame Spezies!

Schneller als erwartet öffnet sich die Landschaft, und vor uns taucht der Pazifik auf. Etwa hundertzwanzig Kilometer haben wir heute zurückgelegt, dafür aber fünf Stunden gebraucht und fast fünftausend Höhenmeter überwunden. Jetzt spüre ich ein Ziehen in der Schulter und die Lust auf ein kühles Bier.

Die Nacht verbringen wir in der wunderbaren Echo Villa in Hualian. Hier waren wir schon häufiger zu Gast und werden begrüßt wie alte Bekannte. Das Haus liegt am Fuß eines üppig bewachsenen Berges, in dem es zwitschert und zirpt wie im tiefsten Dschungel. Mit einem Bier in der Badewanne liegend, lese ich im Reisebericht von Janet B. Montgomery-McGovern (wäre der Name nicht so sperrig, würde ich sie noch häufiger erwähnen), die vor hundert Jahren dieselbe Gegend bereist hat.. Mit dem Schiff kam sie die Ostküste herab, bei so starkem Seegang, dass kein Anlegemanöver möglich war. Zum Entsetzen des japanischen Kapitäns sprang sie kurzerhand ins Kanu zweier Ureinwohner, die vom Ufer herbeigepaddelt waren. Als auch das zu sinken drohte, legte sie die letzten Meter auf dem Rücken eines ihrer Begleiter zurück. Nicht sehr ladylike, aber sie erreichte ihr Ziel.

Im Schlusskapitel des Buches überlegt die Autorin, ob eine Zivilisation denkbar wäre, und wenn ja, wie sie aussähe, deren Kunst und Kultur solche Höhen erreicht hat wie in Europa, deren moralische Standards aber jenen ähneln, die bei den Ureinwohnern Taiwans gelten. Von diesen war Mrs. Montgomery-McGovern nämlich, ohne sie als edle Wilde zu romantisieren, tief beeindruckt. Indigene Völker aufgrund bestimmter Praktiken als barbarisch abzuqualifizieren lag ihr ebenso fern wie der Glaube an die zivilisatorische Überlegenheit Europas. »Was ist der Krieg zwischen ›zivilisierten‹ Nationen anderes«, schreibt sie unter dem Eindruck des gerade beendeten Ersten Weltkriegs, »als eine Kopfjagd im großen Stil.«

Mit Stöcken und Steinen

Unser nächstes Ziel heißt Hongye. Das kleine Dorf unweit von Taitung steht auf dem Plan der wenigsten Taiwan-Reisenden, kam im Kapitel über Baseball aber bereits vor. Erinnern Sie sich an die barfüßigen Grundschüler, die den angeblichen Weltmeister aus Wakayama besiegten und damit eine Euphorie auslösten, die die KMT politisch auszunutzen verstand? Das Team von 1968 wurde zu einer Ikone des Wirtschaftswunderlands Taiwan: arme Jungen aus der Provinz, die es durch Willenskraft, Fleiß und Entbehrung nach oben geschafft hatten. Wer den Weltmeister besiegt, ist schließlich irgendwie selbst Weltmeister. In Hongye gibt es ein kleines Baseballmuseum, das Jo-chiao und ich besuchen wollen. Nennen wir es eine Art Pilgerfahrt.

Um Taiwans Ostküste zu genießen, braucht man viel Zeit. Anders als im Westen gibt es keine Autobahn, also folgen wir einer Landstraße, auf der man höchstens siebzig fahren darf, und da ich beim letzten Besuch geblitzt wurde, halte ich mich daran. Zunächst nehmen wir die sogenannte Bergroute *(shanxian)* zwischen zwei imposanten Gebirgszügen, deren Gipfel in den Wolken verschwinden. Autofahrer, die sich an das Tempolimit nicht gebunden fühlen, überholen mich links wie rechts. Zieht sich über die Fahrbahnmitte eine durchgezogene Linie, wird der Standstreifen sogar zur bevorzugten Überholspur. Keine Ahnung, was die Straßenverkehrsordnung dazu sagt, es scheint jedenfalls üblich zu sein. Jo-chiao, die zuletzt am Tag ihrer Führerscheinprüfung Auto gefahren ist, bekundet auf Nachfrage, sie finde es rechts auch sicherer, wegen des fehlenden Gegenverkehrs.

Saftig grüne Reisfelder und Kokospalmen säumen die Strecke. Nach zwei Stunden wechseln wir auf die parallel verlaufende Meeresroute *(haixian)* und schauen während der Fahrt auf den Pazifik, was bei diesem Tempo und dem geringen Verkehr ungefährlich ist. Bei einer früheren Inselumrundung, erinnere ich mich, folgte ein Reisebus mit chinesischen Touristen auf den nächsten, aber weil Präsidentin Tsai Ing-wen den Konsens von 1992 nicht anerkennt, hat Peking schon lange vor Covid-19 keine Privatreisen nach Taiwan mehr zugelassen. Zur Strafe haben wir also freie Fahrt.

Hongye erreichen wir am späten Nachmittag. Hier am Rand des Zentralmassivs leben Ureinwohner vom Volk der Bunun, zu dem auch die Helden von 1968 gehörten. Das ihnen gewidmete Museum befindet sich auf dem Gelände der örtlichen Grundschule. Am Eingang wird der entscheidende Moment des Hongye-Mythos mit drei Kunststofffiguren dargestellt: der Sieg über den japanischen Goliath. Auffällig ist, dass die Statur der Figuren kaum an Grundschüler, sondern eher an Erwachsene erinnert und dass der Pitcher und der Catcher zwar das rote Trikot mit den Schriftzeichen Hongye tragen, auf der Brust des gegnerischen Schlagmanns aber nicht Wakayama steht, sondern Japan. Den Machern des Museums ging es offensichtlich um mehr als den Wettkampf zweier Schülerteams vor fünfzig Jahren. Hier soll noch einmal stellvertretend der ehemalige Kriegsgegner und Kolonialherr besiegt werden.

Die Ausstellung im Inneren umfasst zwei Räume mit Pokalen, Fotos, Zeitungsausschnitten und dergleichen. Einige Exponate zeigen, dass trotz aller nachträglichen Überhöhung der Ereignisse etwas doch der Wahrheit entspricht: Die Spieler waren bettelarm. Sie trainierten mit selbst geschnitzten Knüppeln und abgenutzten Bällen, von denen sich das Leder löste. Konnten sie irgendwann gar nicht mehr benutzt werden, behalf man sich mit runden Steinen. Armut ist ein wichtiger Bestandteil des Hongye-Mythos und hätte doch beinahe dessen Entstehen verhindert. 1966 nämlich war das Team für die nationale Schülermeisterschaft qualifiziert, die in Taipei ausgetragen wurde, aber die Jungen dorthin zu fahren und sie eine Woche lang zu verpflegen, konnte sich die Schule nicht leisten. Schweren Herzens erklärte der Schulleiter, man werde auf die Teilnahme verzichten. Dies erfuhr ein ehemaliger politischer Häftling namens Cai Kunlin, der inzwischen in der Hauptstadt das beliebte Jugendmagazin *Wangzi* (»Prinz«) herausgab, und beschloss kurzerhand, als Sponsor einzuspringen. Mit dem Kleinbus seiner Firma holte er die Mannschaft ab und quartierte sie auf eigene Kosten in einer billigen Pension in Taipei ein. Die Investition zahlte sich aus, denn Hongye gewann die Meisterschaft, über die *Wangzi* ausführlich berichtete, was wiederum die Auflage steigerte. Zwei Jahre später machte sich das Team mit den Siegen über Wakayama unsterblich.

Das Museum dokumentiert den landesweiten Triumphzug, den die Spieler anschließend absolvierten. Ein Foto zeigt sie mit Chiang Kai-sheks Sohn und Nachfolger Chiang Ching-kuo. Wer sich fragt, wie der plötzliche Ruhm das Leben der halbwüchsigen Sportler beeinflusst hat, bekommt in einem Zeitungsartikel von 2015 eindeutige Hinweise: »Gibt es den Hongye-Fluch?«, fragt die Überschrift suggestiv. Tatsächlich verstarb nicht weniger als die Hälfte des zwölfköpfigen Teams kurz nach oder sogar noch vor dem vierzigsten Geburtstag. Die anderen arbeiteten später mit einer einzigen Ausnahme als Taxifahrer, Gebäudereiniger oder in anderen schlecht bezahlten Jobs. Immerhin ist dieses den Mythos ganz und gar konterkarierende Dokument hier ebenfalls ausgestellt.

Viele Mitglieder der späteren Little League Teams hatten mit ähnlichen Problemen zu kämpfen. Laut einer Umfrage von 2004 besaß weniger als die Hälfte von ihnen eine feste Anstellung. Zwei Drittel glaubten, dass der frühe Ruhm sie daran gehindert habe, als Erwachsene beruflich Fuß zu fassen, und rund ein Drittel wünschte, sie hätten niemals Little League Baseball gespielt. Wenn man bedenkt, dass einige der Teams, die in Williamsport, Pennsylvania die Ehre der Republik China verteidigen sollten, bis zu neun Stunden am Tag trainierten, wird klar, dass für eine Schulbildung im eigentlichen Sinn gar keine Zeit blieb.

Nach dem eher ernüchternden Besuch des Museums machen wir einen kurzen Spaziergang durch die Siedlung. Wie in fast allen Dörfern, die wir unterwegs durchfahren haben, gibt es auch hier eine kleine Kirche. Dass nach 1945 über achtzig Prozent der taiwanischen Ureinwohner zum Christentum konvertiert sind, habe ich bereits erwähnt. Obwohl ein Großteil zur presbyterianischen Kirche gehört, die der Unabhängigkeitsbewegung nahesteht, wählen sie heute mehrheitlich die KMT, die in den Landkreisen Hualian und Taitung zwei ihrer letzten Hochburgen hat. Wie so vieles an der Geschichte der Ureinwohner ist das für mich schwer zu verstehen, aber letztlich sind mir die Lebensumstände dieser Völker zu unvertraut. Bereits eine halbe Generation nach dem Musha-Zwischenfall kämpften junge Seediq in japanischer Uniform im Pazifikkrieg. Ob das aus Zwang, Abenteuerlust oder Verzweiflung geschah, wie viel Stolz, Wut oder Scham über das eigene Erbe dabei eine Rolle spielte, vermag ich nicht zu beurteilen. Dass die Seediq 2008 als eigenes Volk anerkannt wurden, war übrigens auch unter ihnen selbst umstritten, denn in ihrer Sprache bedeutet das Wort »Seediq« schlicht Mensch. Merkwürdig muss es sein, ausgerechnet unter dieser Bezeichnung als Minderheit anerkannt zu werden.

Dass die Wunden der Vergangenheit manchmal nicht zu heilen sind, illustriert die herzzerreißende Episode, mit der Leo T. S. Ching seine Studie *Becoming »Japanese«* über das kolonialzeitliche Taiwan beginnt: 1979 reisten sieben taiwanische Ureinwohner zum Yasukuni-Schrein in Tokio, wo Japan seine Kriegstoten ehrt. Bekanntlich sorgen die Besuche japanischer Politiker an diesem Ort regelmäßig für diplomatische Spannungen mit der Volksrepublik China, denn unter den Toten befinden sich auch verurteilte Kriegsverbrecher. Die Besucher aus Taiwan hatten jahrelang für ihre Reise gespart, sie waren Angehörige von jungen Männern, die im Pazifikkrieg als japanische Soldaten umgekommen waren. Ihr Anliegen: Der Schrein sollte die Seelen der Gefallenen freigeben, damit die Angehörigen sie zurück in die Heimat bringen konnten, um ihrer dort auf ihre Weise zu gedenken und über dreißig Jahre nach Kriegsende selbst so etwas wie Seelenfrieden zu finden. Im Gespräch mit dem Beauftragten des Schreins stellte sich jedoch heraus, dass es keinen Ritus gab, um Seelen aus einem ihnen gewidmeten Schrein zu entlassen. Ein ums andere Mal wiederholten die Besucher ihre Bitte, und der Beauftragte bekräftigte, dass er nichts tun könne, um ihr zu entsprechen. Unter Protest und Tränen flehten die Ureinwohner um etwas, von dessen Erfüllung die andere Seite keinen Begriff besaß. Für ihren Schmerz existierte kein Trost. Am Ende reisten sie ohne die Seelen ihrer Söhne und Ehemänner wieder zurück.

Lüdao und Tainan: Die Insel des Widerstands

Am Bahnhof von Taitung geben wir das Auto zurück und nehmen ein Taxi zum Hafen. In Dunst gehüllt, ist Lüdao am Horizont zu erkennen, die Grüne Insel, deren Name jahrzehntelang symbolhaft für politische Gefangenschaft stand. Dreißig Kilometer vor der taiwanischen Ostküste saßen während des Weißen Terrors Tausende politische Dissidenten ein, oft nach unbewiesenen Anschuldigungen und natürlich ohne fairen Prozess. Inzwischen ist die Insel ein beliebtes Reiseziel, bekannt für vielfältige Gelegenheiten zum Schnorcheln in ihren Korallenriffen, die schroffen Felsformationen an der Ostküste – und für die raue Überfahrt, auf der vielen Leuten schlecht wird. Bei mir kommen Erinnerungen an eine Reise von Kobe nach Shanghai vor vielen Jahren hoch, bei so hohem Seegang, dass sich fast kein Passagier *nicht* übergeben musste und die Besatzungsmitglieder Pillen gegen Seekrankheit verteilten, als würden sie Enten füttern.

Heute bleibt der Pazifik zum Glück ruhig. Da wir an einem Dienstag reisen und die kurzen Ferien zum Feiertag der Gräberpflege *(qing-ming-jie)* erst am kommenden Wochenende beginnen, ist die Fähre kaum gefüllt. Natürlich tragen alle Passagiere Gesichtsmasken. Einmal wird während der Überfahrt durchgesagt, rechts des Schiffs seien Delfine zu sehen, die ich aber nicht erkennen kann. Nach nur fünfzig Minuten gehen wir am Pier von Lüdao wieder von Bord.

Wir befinden uns nun auf einer tropischen Insel, und Sie erwarten zu Recht, dass ich deren landschaftliche Schönheit in leuchtenden Farben schildere. Das würde ich auch gerne tun, aber leider gibt es, abgesehen von ein paar grünen Hügeln, wenig zu sehen: Eine unansehnliche Hafenmole und eine zubetonierte Uferstraße, die sich zwischen grauen Häusern verliert. Immerhin, vom Bett unseres Hotelzimmers bietet sich uns ein Ausblick auf nichts als das offene Meer, das entsprechende Foto schicke ich sofort meiner Familie. Als wir wenig später einen ersten Spaziergang unternehmen, entdecke ich hingegen nichts, was zum Fotomotiv taugt.

Ich liebe Taiwan, das tue ich wirklich, aber die Hässlichkeit der Architektur ist manchmal zum Verzweifeln. Das feuchtheiße Klima, das jeder Fassade in Windeseile eine graue Patina verpasst, taugt nur als Teilerklärung, ich unterstelle auch mangelndes Interesse am äußeren Erscheinungsbild. Jo-chiao ermahnt mich, das Positive zu sehen, und nachdem wir eine Weile draußen herumgeirrt sind, finde ich es: Der Duty Free Shop beim Hafen verkauft *Kavalan* Whiskey – der Name erinnert an das Ureinwohnervolk, das früher die Ebene um Yilan besiedelte –, auch den roten, in Fassstärke abgefüllten aus dem Sherry Cask, für den ich hier keine Werbung machen will, der aber stark genug ist (58,6 Prozent), um mich mit fast jedem Ort der Welt zu versöhnen.

An den restlichen Tag kann ich mich nur undeutlich erinnern.

Am nächsten Morgen leihen wir Fahrräder. Dass der Himmel bewölkt ist, kann uns nur recht sein, denn bei tropischem Sonnenschein wäre die rund achtzehn Kilometer lange Rundfahrt um die Insel keine gute Idee. Außer uns ist niemand auf dem Fahrrad unterwegs, alle anderen bevorzugen Motorroller, was vermutlich besser ist, wenn man einen Taucheranzug trägt. Jedes zweite Haus bietet Ausrüstung und Kurse für Aktivitäten unter Wasser an, aber wir wollen das Land erkunden, nicht das Meer, vor allem die Gedenkstätte im früheren Gefängnis.

Unterwegs kommen wir zunächst an einem Gefängnis vorbei, das noch in Betrieb ist. Offenbar mag die Insel, Tourismus hin oder her, mit ihrer von den Japanern begründeten Tradition des Justizvollzugs nicht brechen. Hier und da kokettiert sie mit ihrem Ruf: Eine Eisdiele, die wir passieren, nennt sich »Eisgefängnis« und platziert die Besucher in Gitterzellen verschiedener Größe … eine Frage des Geschmacks, nehme ich an.

Offiziell heißt die 2002 eingeweihte Gedenkstätte Nationales Menschenrechtsmuseum. Im Bemühen, die Vergangenheit des Weißen Terrors aufzuarbeiten und die Bevölkerung aufzuklären, nimmt der Ort eine zentrale Stellung ein. Direkt am Meer gelegen, unterteilt sich die Anlage in zwei Komplexe, nämlich das 1951 eingerichtete Umerziehungslager »Neues Leben« und das eigentliche, erst 1972 in Betrieb genommene Gefängnis mit dem grotesken Namen »Oasis Villa« *(lüzhou shanzhuang)*. Das klingt, als hätten schon damals Tourismusmanager das Sagen gehabt.

Am Eingang stellen wir die Räder ab und besichtigen zunächst das etwas weiter entfernt liegende Umerziehungslager. Wer ab den Fünfzigerjahren hierherkam, hatte sich in den Augen der Obrigkeit eines von zwei schweren Verbrechen schuldig gemacht: Entweder war er – nur in den ersten drei Jahren gab es in einem abgeteilten Sektor auch weibliche Gefangene – ein Kommunist oder ein Verfechter der taiwanischen Unabhängigkeit. In beiden Fällen lautete die Strafe für alle, die man nicht sofort liquidiert hatte, geistige Umerziehung in Verbindung mit harter körperlicher Arbeit. Letztere bestand darin, in den Hügeln der Insel Bäume zu fällen und am Strand Felsstücke zurechtzuhämmern, um das anfangs aus provisorischen Baracken bestehende Lager auszubauen.

Mit anderen Worten, die Gefangenen mussten ihr Gefängnis selbst errichten.

Zu den frühesten Insassen des Lagers gehörte der im vorigen Kapitel erwähnte Cai Kunlin, der Sponsor des Hongye-Baseballteams. Als Mittelschüler in Taichung hatte er auf Einladung seines Lehrers an einem Lesekreis teilgenommen, der sich jeden Mittwochnachmittag nach Unterrichtsschluss traf, wobei die Schüler reihum von ihnen gelesene Bücher vorstellten. In seiner Autobiografie *Women zhi neng ge chang (Wir konnten nur Lieder singen)* berichtet Cai, er habe den Lehrer damit beeindruckt, dass er über einen Text von Thomas Carlyle referierte. Wenige Wochen später musste er die Teilnahme wegen eines Umzugs, der seinen täglichen Schulweg erheblich verlängerte, wieder beenden.

Zwei Jahre darauf erfolgte seine plötzliche Verhaftung. Auf der Polizeiwache wurde Cai schwer misshandelt und beschuldigt, Mitglied einer illegalen Vereinigung zu sein, die den Sturz der Regierung anstrebe – dass damit der Lesekreis gemeint sein könnte, kam ihm nicht in den Sinn. Nach mehreren Tagen wurde dem in behüteten Verhältnissen aufgewachsenen und völlig verängstigten Zwanzigjährigen versprochen, dass er nur eine Unterschrift leisten müsse, um sofort nach Hause gehen zu können. Natürlich unterschrieb er. Damit stand die Mindeststrafe von zehn Jahren fest.

Statt ihn zu entlassen, wurde er in ein Gefängnis in Taipei verlegt. Dort teilte man alle Gefangenen in Gruppen ein und ordnete sie willkürlich irgendwelchen aufgedeckten Fällen von Verschwörung zu. Cai Kunlin wurde einer kommunistischen Zelle zugeschlagen, die sich im Gebäude der staatlichen Telefongesellschaft getroffen hatte. Da er vor seiner Verhaftung nie in Taipei gewesen war, hätte er den Ort seiner angeblichen illegalen Aktivitäten ohne fremde Hilfe gar nicht gefunden, aber das störte niemanden – er hatte ja bereits gestanden. 1951 kam er auf die Grüne Insel. Was Kommunismus war und welche Gedanken Mao Zedong vertrat, erfuhr er erst durch die täglichen Sitzungen, die ihm seine kommunistischen Überzeugungen austreiben sollten. Cai Kunlin entschied, dass Mao ein interessanter Kopf war.

Heute existieren nur noch Überreste bzw. partielle Rekonstruktionen des früheren Lagers. Zwei Tore gab es, deren Namen zynisch klingen, die aber die ernsthaften Überzeugungen des Regimes widerspiegeln. Durch das »Tor des Neuen Lebens« *(xinsheng men)* kamen die Gefangenen herein, damit war gemeint, dass ihnen nach ihrer ideologischen Verirrung zu einer neuen Existenz verholfen werden sollte. Durch das »Tor der Revolution« *(geming men)* gelangten sie wieder hinaus, womit angezeigt wurde, dass sie nach erfolgreicher Umerziehung bereit waren, den revolutionären Kampf der KMT gegen die Kommunisten zu unterstützen. Wer nach Ablauf seiner Strafe als noch immer nicht reformiert galt, wurde für mehr harte Arbeit auf die Koralleninsel Xiaoliuqiu südwestlich von Kaohsiung verlegt. Ein Entkommen aus dem System gab es auch für viele Freigelassene nicht, denn erstens waren sie stigmatisiert, und zweitens wurden sie weiter überwacht.

Cai Kunlin hatte Glück, dass er nach seiner Entlassung 1960 Arbeitgeber fand, die ihn trotz seiner Vergangenheit einstellten. In späteren Jahren betätigte er sich als politischer Aktivist und sorgte mit dafür, dass die Verbrechen des Weißen Terrors nicht vergessen, sondern aufgearbeitet wurden. Ein Foto in seiner Autobiografie zeigt ihn, wie er 2014 während der Sonnenblumen-Proteste im besetzten Parlament zu den Studierenden spricht. Ich wurde auf seinen Namen erst kürzlich durch einen Bericht im britischen *Guardian* aufmerksam: Darin ging es um die Einrichtung eines Online-Lesekreises für politische Literatur, der auch Interessierten aus China und Hongkong offenstand. Wer wollte, konnte sich mithilfe einer Verschlüsselungssoftware anonym anmelden. Cai Kunlin wollte sicherstellen, dass die Teilnahme an seinem Lesekreis niemandem zum Verhängnis wird.

Anders als das Umerziehungslager kann das frühere Gefängnis in der Form besichtigt werden, in der es bis zur Aufhebung des Kriegsrechts betrieben wurde. Sobald ich es betrete, befällt mich Beklemmung. Hinter den hohen Mauern ist das Meer zwar zu hören, aber nicht zu sehen, auf der anderen Seite des Hofes endet der Blick an steilen Felsen. Schmucklose, verwitterte Zweckbauten aus Beton füllen das Areal, an deren Wänden die üblichen Slogans stehen. »Lang lebe die Republik China, lang leben die Drei Volksprinzipien!«, »Die Disziplin wahren, das Gesetz verehren« und so weiter. Eine Mischung aus autoritärem Konfuzianismus und militaristischer Staatspropaganda, die sich die Gefangenen sicherlich zu Herzen genommen haben.

Das doppelstöckige Hauptgebäude hat den Grundriss eines Kreuzes. Das ergibt vier Flügel mit je zwei Ebenen, also acht getrennte Bereiche. Die Zellen wirken geräumig, waren früher aber so voll belegt, dass jedem Gefangenen im

Schnitt ein Raum von 0,8 Quadratmetern blieb. Nein, das ist kein Druckfehler. Null Komma acht. Man schlief in wechselnden Schichten auf dem Boden. Im oberen Stockwerk wurden Männer isoliert, die einen schlechten Einfluss auf Mitgefangene ausübten; im Sinn des Regimes dürften das vor allem Personen gewesen sein, die der ihnen zu Last gelegten Verbrechen tatsächlich schuldig waren, also überzeugte Kommunisten oder Verfechter der taiwanischen Unabhängigkeit. Insgesamt eine Minderheit, denn die meisten Gefangenen waren, genau wie Cai Kunlin, Opfer grausamer Willkürjustiz.

Nehmen wir als zweites Beispiel den Journalisten und Schriftsteller Bo Yang. Einer der prominentesten politischen Gefangenen des Weißen Terrors, saß er von 1969 bis 1977 auf der Grünen Insel ein. Eigentlich war seine Strafe nach dem Tod Chiang Kai-sheks reduziert worden, er hätte also 1975 entlassen werden müssen, aber die Regierung – das heißt, Chiang Kai-sheks Sohn und Nachfolger – weigerte sich und gab erst zwei Jahre später internationalem Druck nach. Was hatte Bo Yang verbrochen?

In den Sechzigerjahren war er bei der Tageszeitung *China Daily* verantwortlich für die Seite mit den Cartoons. 1969 brachte er einen kurzen, aus dem Englischen übersetzten Comicstrip von Popeye dem Seemann. Popeye und sein Sohn landen auf einer einsamen Insel und beschließen, sich um das Präsidentenamt zu bewerben. In Popeyes Wahlkampfrede, die sich – darin besteht der Witz – nur an den Sohn und einzigen Mitbewerber richten kann, da ja sonst niemand da ist, übersetzte Bo Yang das englische Wort »fellows« mit »meine Mit-Soldaten und Landsleute« *(quanguo junmin tongbaomen),* eine von Chiang Kai-shek oft benutzte Form der Anrede. Das wurde ihm zum Verhängnis, denn der nicht für seinen Humor bekannte Diktator sah sich und seinen Sohn verunglimpft. Offenbar erinnerte die Szene ihn an seine Ankunft in Taiwan zwanzig Jahre zuvor, als die beiden Chiangs die Macht untereinander aufgeteilt hatten: Der Vater führte die Staatsgeschäfte, Chiang Ching-kuo den Sicherheitsapparat und damit den Kampf gegen vermeintliche kommunistische Spione.

Bo Yang, der übrigens Festländer war, wurde verhaftet. Bei den Verhören machte man ihm klar, dass er jederzeit zu Tode geprügelt werden konnte, wenn er nicht kooperierte. Um ein Geständnis zu erzwingen, brach man ihm ein Bein. Im Prozess wollte der Staatsanwalt die Todesstrafe, gab sich aber damit zufrieden, dass der Angeklagte zu zwölf Jahren Haft verurteilt wurde, natürlich als kommunistischer Agent. Am Ende waren es acht Jahre, die Bo Yang auf der Grünen Insel verbringen musste. Ob diejenigen in der KMT, die das damalige Regime noch immer mit dem Argument verteidigen, angesichts der kommunistischen Bedrohung sei ein hartes Vorgehen unabdingbar gewesen, wirklich glauben, die Verurteilung wegen eines Popeye-Comics habe Taiwan sicherer gemacht? Ich vermute, sie hat lediglich dem Diktator einen kurzen Moment der Befriedigung verschafft. Im Übrigen muss man unterscheiden zwischen der realen Bedrohung durch die Kommunisten auf dem Festland und der Unterdrückung jeder Art von Dissens, in der alle zu Kommunisten wurden, die sich dem totalen Machtanspruch des Diktators widersetzten – oder auch nur diesen Anschein erweckten. Der paranoide Antikommunismus der KMT hat Zehntausende Opfer gefordert, darunter eine verschwindend geringe Anzahl von Kommunisten.

Drei Stunden vertiefen wir uns in die Ausstellungen in den verschiedenen Gebäuden. Naturgemäß existieren nur wenige Fotos aus dem Strafvollzug, dafür aber eine Fülle anderer

Dokumente. Zeugnisse, die den »Fortschritt« im politischen Bewusstsein der Gefangenen bewerteten, heimlich angefertigte Zeichnungen, Abschiedsbriefe. Einige Hundert Meter außerhalb der Mauern gibt es einen Friedhof sowie unmittelbar am steinigen Strand die Schwalbenhöhle: einen Hohlraum unter einem gewaltigen Felsvorsprung, wo verstorbene oder exekutierte Gefangene eingeäschert wurden. Dieses Schicksal wenigstens blieb Bo Yang erspart. Nach seiner Entlassung betätigte er sich als Aktivist für Menschenrechte, u. a. war er Gründungspräsident der taiwanischen Sektion von Amnesty International. Kurz vor seinem Tod im Jahr 2008 verfügte er, man solle seine Asche im Meer verstreuen – vor der Küste der Grünen Insel.

Der König der Piraten

Zwei Nächte verbringen wir auf Lüdao. Die Fahrradtour war eine schöne Unternehmung und hat uns an einigen reizvollen Buchten und Stränden vorbeigeführt, die den ersten Eindruck der Insel vergessen machen, dafür ist die Rückfahrt mit der Fähre umso unangenehmer. Diesmal peitschen kräftige Böen das Meer auf, und obwohl wir Pillen gegen Seekrankheit geschluckt haben, ist mir eine Dreiviertelstunde so übel, dass ich nur gepresst atmen kann. Hebt sich das Schiff, spanne ich alle Muskeln an, um die Bewegung des Magens nicht zu spüren, wenn wir ins nächste Wellental krachen. Wer auch immer dem Pazifik seinen Namen gegeben hat, lag falsch. Im Hafen von Taitung – was für ein Genuss, festen Boden unter den Füßen zu haben! – steht mein Entschluss fest: Weitere Besuche auf der Insel wird es nicht geben. Jo-chiao, noch etwas bleich im Gesicht, spricht von den besten Flitterwochen, die sie je erlebt hat.

Unsere letzte Reisestation ist eine, die wir schon oft besucht haben und es immer wieder gern tun. Mit dem Zug umfahren wir die südlichen Ausläufer des Zentralmassivs und nähern uns Tainan. Die beiden Silben des Namens bedeuten schlicht »Süden Taiwans«. Bekannt für ihre vielfältige Küche und zahlreichen Tempel, ist die Stadt die älteste urbane Siedlung der Insel, unter dem Namen Anping war sie etwa zweihundert Jahre lang die Hauptstadt Taiwans. Meine Frau hat an der dortigen Cheng Kung Universität studiert und kennt sich gut aus.

Als wir am Bahnhof aussteigen, ist die Luft spürbar milder geworden. Im Süden der Insel regnet es weniger als im Norden und Osten, dafür kommt der Sommer früher, bleibt länger und ist entgegen dem Vorurteil vieler Hauptstadtbewohner kaum heißer als in Taipei. Dass sich die Holländer im 17. Jahrhundert hier angesiedelt haben, kann ich gut verstehen. An ihre Präsenz erinnern zwei Forts, die wir am nächsten Tag besuchen wollen: Fort Provintia im Stadtzentrum und Fort Zeelandia draußen im heutigen Bezirk Anping. Ihre Geschichte ist eng mit jenem Mann verbunden, der die Holländer aus Taiwan vertrieben hat und der in Tainan bis heute allgegenwärtig ist: Zheng Chenggong (1624–1662), ein Piratensohn, Gelehrter und Rebell, der väterlicherseits vom Festland und mütterlicherseits aus Japan stammte, was ihn dazu prädestinierte, Taiwans Geschichte nachhaltig zu beeinflussen. Sein kaiserlicher Ehrenname lautet im heimischen Dialekt Kok-sèng-iâ, holländische Quellen machten daraus die latinisierte Form Koxinga, unter welcher der Mann im Westen bekannt wurde. In vielen taiwanischen Tempeln wird er als eine Art Schutzheiliger der Insel verehrt.

Sein Vater hieß Zheng Zhilong und war ein mächtiger Piratenführer, der als junger Mann gemeinsame Sache mit der

Niederländischen Ostindien-Kompanie gemacht hatte. Diese versuchte von ihrem Stützpunkt Formosa aus, den Seehandel vor der chinesischen Küste zu kontrollieren, und ließ Schiffe überfallen, die unter portugiesischer oder spanischer Flagge fuhren. Gegen einen Anteil der Beute gewährte sie Seeräubern Unterschlupf. Schon damals besaß die Insel strategischen Wert, da sie genau im Kreuzungspunkt der Schiffsrouten zwischen Xiamen (Amoy) und Manila sowie Nagasaki und Macau lag. An letzterem Ort hatte sich der junge Zheng Zhilong lange genug aufgehalten, um Portugiesisch zu lernen – in dieser Sprache kommunizierte er mit den Holländern –, in Japan immerhin lange genug, um einen Sohn zu zeugen, den er in der Obhut der Mutter zurückließ. Als König der Piraten war Zheng Zhilong ein viel beschäftigter Mann. Über tausend Schiffe sollen ihm gehört haben, ausgerüstet mit europäischen Kanonen, denen die kümmerliche Marine der regierenden Ming-Dynastie nichts entgegenzusetzen hatte.

Zeitgenössische Quellen beschreiben ihn als gewieften Strategen. Dank seiner überlegenen Ausrüstung schien er unbesiegbar zu sein, sodass sich der Hof in Peking am Ende nur damit zu helfen wusste, ihn zu kaufen. In Diensten der Dynastie stieg der Pirat zum Generalgouverneur seiner Heimatprovinz Fujian auf und wurde noch reicher. Im Herzen jedoch blieb er ein Seeräuber, und als solcher hängte er sein Segel nach dem Wind. Als die Ming-Dynastie 1644 zusammenbrach und der Hof erst nach Nanjing floh, dann nach Fuzhou, wo der Ex-Pirat residierte, kam es zum Bruch. Die neuen Herrscher, Mandschus aus dem hohen Norden, suchten ebenfalls seine Dienste und zahlten noch besser. Das allerdings brachte Zheng Zhilong nicht nur in Opposition zu seinem früheren Dienstherrn, sondern auch zu seinem eigenen Sohn.

Bevor ich mit der Geschichte fortfahre, möchten Sie sicher wissen, was wir in Tainan gegessen haben. Tainan ist die unbestrittene Hauptstadt der *Xiaochi* (»Snacks«), und falls Sie taiwanischen Bekannten von einem Besuch in der Stadt berichten, sollten Sie fließend ihren gesamten Speiseplan hersagen können; nicht nur, was Sie gegessen haben, sondern auch wo. Es gibt hier viele kleine Nudelküchen, die nur ein einziges Gericht anbieten, das sich in seiner Zubereitung lediglich in Nuancen von den Dutzenden anderen Versionen desselben Gerichts unterscheidet, aber diese feinen Unterschiede sind wichtig, vergessen Sie das nicht! Selbst mir, der ich den Drill kenne, hat Jo-chiao eingeschärft, in Gesprächen keine unbedachte Äußerung zu tun, die man als Vorbehalt gegen die heimische Küche deuten könnte. Die Bewohner von Tainan nehmen so etwas persönlich, es bringt den Koxinga in ihnen zum Vorschein.

In unserer sehr charmanten Unterkunft wird zum Frühstück jeden Tag eine andere lokale Spezialität serviert. Ein kleines Schild auf dem Tisch erklärt, von wo sie stammt und was ihre Besonderheiten sind. Jo-chiaos Ermahnung erfolgte auch im Hinblick darauf, dass Europäer zum Beispiel glauben könnten, Kutteln seien kein ideales Frühstücksgericht. In diesem Fall sind sie, gleich am ersten Morgen, die Hauptgottheit in der berühmten Vier-Götter-Suppe. Zum Glück bin ich abgehärtet und bete in vollen Zügen. Die Miene des Inhabers, der zwischendurch an den Tisch kommt, um die Erklärungen auf dem Schild zu erklären – denn nichts ergänzt eine leckere Mahlzeit besser als ein Gespräch über leckeres Essen –, verrät Anerkennung: Dieser Ausländer weiß sich zu benehmen.

Göttlich gestärkt beginnen wir unser Besichtigungsprogramm. In Tainan sind Koxinga ein Schrein, ein Museum und ein Ahnentempel gewidmet, was die Liste der mit ihm verbundenen Orte keineswegs erschöpft. Wir haben also einiges vor uns.

Anders als sein Vater, der Pirat, schlug Koxinga früh die Laufbahn eines Gelehrten ein. Im Alter von sieben Jahren aus Japan übergesiedelt, konnte er dank des väterlichen Reichtums bei den besten Lehrern studieren und erlebte den Fall der Ming-Dynastie in der früheren Hauptstadt Nanjing exakt dreihundertfünfzig Jahre bevor ich anfing, dort Chinesisch zu lernen – eine zufällige Verbindung ohne jede Bedeutung. Genau wie der Ming-Kaiser Longwu floh er nach Fuzhou, schwor ihm ewige Treue und bekam dafür außer seinem kaiserlichen Ehrennamen ein Siegel verliehen, auf dem »Großer General, Bezwinger der Rebellen« stand. Das machte ihn erstens sehr stolz und zweitens zum Todfeind der neuen Machthaber, nämlich der Qing-Dynastie, die China bis ins frühe 20. Jahrhundert hinein regieren sollte.

Die weitere Geschichte muss ich ein bisschen raffen, sonst kommen wir nie zu dem Teil, der in Taiwan spielt. Da der Sohn sich den neuen Herrschern nicht anschloss, trauten diese auch dem Vater nicht und stellten ihn unter Hausarrest. Die Mutter fiel den Mandschus in die Hände und nahm sich das Leben, Kaiser Longwu starb auf dem Schlachtfeld, und Koxinga schwor Rache. Vom konfuzianischen Gelehrten wurde er zum Rebellen. Die Armee, die er aufbaute, war bald so groß, dass er 1659 die alte Kaiserstadt Nanjing belagerte, um Peking von der Versorgung über den Großen Kanal abzuschneiden, was jedoch misslang. Enttäuscht, aber nicht entmutigt, zog er sich an die Küste zurück und beschloss, zunächst die Holländer aus Taiwan zu vertreiben, um eines Tages von dort aus die verhasste Mandschu-Dynastie zu stürzen.

Seine Generäle waren entsetzt. Die Insel galt als Seuchenherd, voller stinkender Sümpfe und bewohnt von Kopfjägern und Menschenfressern. Nur auf der Flucht vor Hunger oder Strafverfolgung begab sich ein geistig gesunder Mensch nach Taiwan. Koxinga jedoch wusste aus sicherer Quelle, dass die Holländer dort mit Reis und Zuckerrohr gutes Geld verdienten, und im Übrigen war er nicht der Typ, der die Ratschläge anderer befolgt. Lieber frönte er einer Neigung zu unkontrollierten Wutausbrüchen, oft in Verbindung mit Schnappatmung. Mal war er wirklich sauer, mal wollte er nur seine Autorität demonstrieren, man kennt das.

Im Frühjahr 1661 überquerte seine Flotte die Taiwanstraße. Von Nebel geschützt, segelte sie mitten hinein in eine Bucht, die es heute nicht mehr gibt. Alluviale Ablagerung nennen Geologen den Vorgang, dessentwegen Jo-chiao und ich das Meer zwar am Horizont erahnen können, als wir vor Fort Zeelandia aus dem Taxi steigen, es aber nicht mehr möglich ist, dort vor Anker zu gehen.

Das schmucke Fort liegt neben einem Tempel, der Oma Mazu und Koxinga gemeinsam gewidmet ist. In der Haupthalle sitzen sie nebeneinander, flankiert von Mazus treuen Generälen Hört-mit-dem-Wind und Sieht-tausend-Li-weit. Auf der Überfahrt nach Taiwan geriet Koxingas Flotte nämlich in schwere See, und der Sage nach war es – wer sonst? – die unermüdliche Oma Mazu, die ihn und seine Männer rettete. Weil man im Chinesischen noch besser als im Deutschen Substantive einfach aneinanderreihen kann, heißt der Ort heute Anping-Kaitai-Himmelsmutter-Tempel, wobei sich Kaitai (»Öffnung Taiwans«) auf Koxingas Unternehmen bezieht, die Holländer von der Insel zu vertreiben.

Es erwies sich als ein ausgesprochen schwieriges Unterfangen.

Das heute im Stadtzentrum liegende Fort Provintia eroberte Koxinga noch im Handumdrehen. Daraufhin flohen alle Europäer, die in der allmählich entstehenden Stadt Zeelandia City gewohnt hatten, ins gleichnamige zweite Fort, eine Festung der Art, wie sie das Europa der Renaissance entwickelt hatte. Die wichtigste Neuerung gegenüber früheren Bauweisen bestand in vorstehenden Bastionen an den vier Ecken des Baus, von wo aus Angreifer ins Kreuzfeuer genommen werden konnten. Das machte die Festung äußerst widerstandsfähig gegen Belagerung. Solange die Verteidiger über ausreichende Vorräte und Munition verfügten, konnten sie sogar den Attacken eines zahlenmäßig überlegenen Feindes standhalten. Das mussten sie im Frühjahr 1661 auch, denn im Inneren des Forts verschanzten sich nur gut neunhundert bewaffnete Männer, während die Zahl der Belagerer in die Zehntausende ging. Allerdings verfügten die Verteidiger über eine Bronzekanone mit dem Spitznamen »Tolle Grete« *(Dolle Griet),* mit der sie das feindliche Lager beschossen. Lange Zeit sah es so aus, als würde Formosa – oder zumindest die kleine Siedlung im Süden der Insel – in holländischer Hand bleiben.

Über die Belagerung von Fort Zeelandia, die bis zum Januar 1662 dauerte, hat Tonio Andrade mit *Lost Colony* ein spannendes Buch geschrieben. Dessen Untertitel *The Untold Story of China's First Great Victory over the West* ist jedoch ein Paradebeispiel für akademische Effekthascherei. Weder war Koxingas Geschichte zuvor unbekannt, noch vertrat dieser ganz China (nach dem Untergang der Ming-Dynastie war er ein Kriegsherr mit privater Armee), und schon gar nicht besiegte er *den* Westen, sondern einen Außenposten der Niederländischen Ostindien-Kompanie. Selbst dieser Sieg wäre ihm womöglich verwehrt geblieben, hätte nicht ein deutscher Feldwebel und Alkoholiker namens Hans Radis ins Geschehen eingegriffen.

Machen wir zunächst einen Rundgang über das Gelände. Was man heute besichtigen kann, ist natürlich nicht mehr das Fort in seiner ursprünglichen Form. Als die Japaner 1895 nach Tainan kamen, standen nur noch einige Mauerteile, der Rest lag in Trümmern. Die Kolonialherren bauten ein Zollamt, das sie später wieder abrissen, um im westlichen Stil ein Gebäude für Ausstellungen zu errichten. Von dieser wechselvollen Geschichte zeugt die rekonstruierte Festungsanlage, die sich heutigen Besuchern darbietet. Ausstellungen dokumentieren nicht nur die Belagerung von 1661/62, sondern informieren auch über geologische Aspekte, die Handelsbeziehungen der Ostindien-Kompanie und vieles mehr. Außerdem gibt es im Museumsshop ein Koxinga-Bier zu kaufen, beworben mit dem cleveren Slogan *Yiding yao chenggong* – da Zheng Chenggongs Vorname wörtlich »Erfolg« bedeutet, kann dies sowohl »Unbedingt Erfolg haben« als auch »Unbedingt Koxinga wollen« heißen.

Damit zu Hans Radis. Er stammte aus der Nähe von Stuttgart und bekleidete innerhalb des Kontingents der Verteidiger einen der höchsten Ränge. Was ihn bewog, im Dezember 1661 zum Feind überzulaufen, ist unklar, vermutlich eine Mischung aus Lagerkoller und Durst. Im Inneren des Forts wurde der Alkohol nach mehrmonatiger Belagerung streng rationiert, der Speiseplan bestand nur noch aus Reis und getrocknetem Wildbret. Fast alle Eingeschlossenen litten an Langeweile und Skorbut. Außer den Soldaten waren zivile Beamte, gut zweihundert Frauen und Kinder sowie weit über fünfhundert Sklaven ins Fort geflüchtet, wo damit insgesamt 1700 Personen in Quartieren hausen mussten, die für ein Drittel der Anzahl gedacht waren. Die sanitären Anlagen reichten nicht aus, es stank erbärmlich. Hans Radis nahm sein Gewehr und sagte den Kameraden, er wolle Seevögel schießen. Viel Glück, murmelten sie.

Dann ging er.

Historiker streiten darüber, wie entscheidend sein Verrat war. Es gab keine Geheimnisse, die er den Belagerern hätte enthüllen können, allerdings verfügte Radis über militärtaktische Kenntnisse und war Ingenieur. Wie es scheint, richtete Koxinga sein Augenmerk im Folgenden auf eine vorgelagerte Schanze, die durch eifrige Erdarbeiten genau dort erhöht wurde, wo die Tolle Grete – die zwar stark, aber etwas ungelenk war – nichts ausrichten konnte. Hilflos sahen die Verteidiger zu, wie die Angreifer in Stellung gingen. Die entscheidende Attacke erfolgte am 25. Januar 1662, zwei Tage später unterzeichnete der Gouverneur die Kapitulationsurkunde, überzeugt davon, dass ein deutscher Säufer die holländische Herrschaft über Taiwan beendet hatte. Nach nur 38 Jahren, was auch für Kolonien kein hohes Alter ist. Die Insel geriet unter chinesische Herrschaft, wenngleich zunächst nur unter die eines abtrünnigen Regimes.

Kaum hatte Koxinga die Herrschaft in Taiwan übernommen, plante er die nächste Invasion, um die Spanier von den Philippinen zu vertreiben. Leider kam etwas Wichtiges dazwischen: Er starb. Ein halbes Jahr nach der Einnahme von Fort Zeelandia erlag er entweder einer Malariaattacke oder der Syphilis oder einem seiner legendären Wutanfälle, die Quellen sind nicht eindeutig. Sicher ist hingegen, dass sich der Hof in Peking vom Tod des Erzfeindes nicht abhalten ließ, die bis dahin unbeachtete Insel dem eigenen Herrschaftsgebiet zuzuschlagen. Angeführt von einem ehemaligen General Koxingas, wurde Taiwan 1683 erobert und zu einer Präfektur der Provinz Fujian erklärt. Fortan gehörte die

Insel zum Reich der Qing. Als im 19. Jahrhundert andere Nationen begehrliche Blicke auf sie warfen – auch Preußen erwog zeitweise, sie zu kolonisieren –, wertete der Kaiser sie 1887 zur chinesischen Provinz auf, aber da lag die Dynastie bereits in den letzten Zügen und musste die Insel acht Jahre später an Japan abtreten. Was aus ihr geworden wäre, hätte Koxinga sie nicht erobert, ist nur spekulativ zu beantworten. Vielleicht hätte die niederländische Kolonialherrschaft bis ins 20. Jahrhundert gedauert, so wie im heutigen Indonesien. Japan hätte sich die Insel im Zuge seiner Expansion nach Süden wohl trotzdem einverleibt, aber dann hätte wenig Grund bestanden, sie nach 1945 an China *zurück*zugeben. Vielleicht wäre Taiwan dann heute …

Wie gesagt, Spekulation. Dank eines deutschen Alkoholikers kam es anders.

PS: Schüsse in New York

Ausführliche Schilderungen unserer Besuche im Koxinga-Schrein, in dem dazugehörigen Museum und dem Ahnentempel erspare ich Ihnen. Jo-chiao wurde es irgendwann auch zu viel, daher nur noch dies: Im Ahnentempel ist ein Stein ausgestellt, der angeblich von der Stelle an der japanischen Küste stammt, wo Koxinga geboren wurde. Wie glaubwürdig das ist, dürfen Sie selbst entscheiden. Der Stein jedenfalls liegt dort, auf dass Besucher ihn berühren und dadurch Glück oder – im Sinne von Koxingas Namen – wenigstens Erfolg erlangen. In Zeiten des Coronavirus können unbedachte Berührungen freilich auch andere Konsequenzen zeitigen, daher haben die Betreiber des Tempels ein Schild angebracht, auf dem steht »Stein wurde gründlich desinfiziert«.

Wir haben ihn trotzdem nicht angefasst.

Und das war's. Ein letztes herzhaftes Frühstück in unserer Unterkunft, dann bringt uns das Taxi zum Bahnhof. Inzwischen haben die Ferien zum Tag der Gräberpflege begonnen, und die vermehrte Reisetätigkeit weckt Befürchtungen vor einer neuerlichen Welle von Ansteckungen mit Covid-19. Schilder mahnen Abstand zu den Mitmenschen an und bitten darum, während der gesamten Zugfahrt eine Gesichtsmaske zu tragen. Der Verzehr von Speisen und Getränken an Bord wird deshalb untersagt. So konsequent ist Taiwan in Zeiten der Pandemie, denke ich, schließlich besteigen normalerweise wenige Leute einen Zug ohne große Mengen an Proviant. Kaum sind wir abgefahren, kommt allerdings wie gewohnt der kleine Wagen mit Snacks und Getränken und animiert die Fahrgäste, wenigstens für einen schnellen Happen gegen das Verbot zu verstoßen.

Zum Schluss schulde ich Ihnen noch die Geschichte eines Attentats, erinnern Sie sich? Das Denkmal im 228-Friedenspark wurde von einem Mann gestaltet, den die Schriftstellerin Li Ang den Helden ihrer Jugend nannte, weil er als junger Mann versucht hatte, den Präsidenten zu erschießen. Genauer gesagt war Chiang Ching-kuo, das Ziel des gescheiterten Attentats, damals noch Vizepremier, er übernahm aber immer mehr die Amtsgeschäfte seines alternden Vaters. Das Ganze spielte sich 1970 vor dem Plaza Hotel in New York ab. Es gab zwei Attentäter, Li Angs Helden Cheng Tzu-tsai und dessen Schwager Peter Huang, der als Haupttäter galt, weil er die Schüsse abgab, während sein Schwager mit lauten Schreien die Sicherheitskräfte ablenkte. Eine Kugel verfehlte Chiang Ching-kuos Kopf nur knapp. Der Schilderung seines Biografen Jay Taylor zufolge blieb der Vizepräsident stehen und sah zu, wie Wachleute den Schützen zu

Boden drückten, dann ging er ins Hotel, um wie geplant vor dem East Asian-American Council of Commerce and Industry zu reden.

Business as usual, so scheint es.

Dieser Chiang Ching-kuo war es, der 1987 das Kriegsrecht aufhob und damit den Weg zur Demokratisierung Taiwans ebnete. Warum er das getan hat, ist eine Frage, über die noch immer gestritten wird, aber unstrittig ist, dass er sich damit einen Ruf als Reformer und nicht als politischer Verbrecher gesichert hat, obwohl er Letzteres lange Zeit auch war. Er leitete den weitverzweigten Sicherheitsapparat der KMT und orchestrierte die Verfolgung von Oppositionellen. Als einer der Hauptakteure des Weißen Terrors war er verantwortlich für willkürliche Verhaftungen und politische Morde. Wie man Terror ausübt, hatte er ausgerechnet in der Sowjetunion erfahren; für den Sohn eines fanatischen Antikommunisten eine ungewöhnliche Karriere, die nur im Kontext der wechselvollen Geschichte Chinas im Allgemeinen und der KMT im Besonderen möglich war. Letztere hatte nämlich lange Zeit enge Verbindungen zu Stalin unterhalten, weshalb Chiang Kai-sheks Sohn von 1925 bis 1937 in Moskau lebte, in einer Art Geiselhaft, um den Vater bei der Stange zu halten. Wenn Sie mehr wissen wollen, empfehle ich Ihnen Jay Taylors Buch *The Generalissimo's Son – Chiang Ching-kuo and the Revolutions in China and Taiwan.*

Das gescheiterte Attentat von 1970 stellt in der jüngsten Geschichte Taiwans nur eine Fußnote dar. Peter Huang wurde verhaftet und bekannte sich im Prozess des versuchten Mordes für schuldig, kam vor dem Urteil aber auf Kaution frei und floh. Wo er sich während der folgenden 25 Jahre aufhielt, ist meines Wissens bis heute unklar. Nach der Rückkehr nach Taiwan 1996 saß er kurzzeitig wegen illegaler Einreise im Gefängnis und betätigte sich danach als politischer Aktivist.

Cheng Tzu-tsai plädierte in seinem Prozess wegen versuchten Mordes auf nicht schuldig, wurde aber wegen Beihilfe verurteilt. Kurz vor der Verurteilung floh er nach Schweden. Es folgte eine Odyssee, deren einzelne Stationen Sie seinem englischen Wikipedia-Eintrag entnehmen können. Nach mehreren gescheiterten Versuchen, ihn an die USA auszuliefern, saß er dort schließlich für knapp zwei Jahre in Haft, lebte später in Kanada und Schweden und kehrte 1991 nach Taiwan zurück, um am Begräbnis seines Vaters teilzunehmen. Wegen illegaler Einreise inhaftiert, beteiligte er sich im Gefängnis an der Ausschreibung für die Gestaltung des zentralen Gedenkmonuments für die Opfer von 228 – und gewann.

Eine Fußnote zur Fußnote: Nach dem gescheiterten Anschlag wurde das Umfeld der beiden Täter genau durchleuchtet. Dabei stießen die Sicherheitskräfte darauf, dass Peter Huang während seiner Studienzeit an der Cornell University Umgang mit einem taiwanischen Professor für Agrarwissenschaft gehabt hatte. Es bedurfte der Intervention des Premierministers, um Chiang Ching-kuo zu versichern, dass der Professor keine Sympathien für die Unabhängigkeitsbewegung hegte, und so nahm dessen akademische Karriere keinen Schaden, er konnte später sogar in die Politik wechseln. Lee Teng-hui hieß der Mann. Erst wurde er Chiang Ching-kuos Stellvertreter, dann sein Nachfolger als Präsident, und in dieser Funktion sorgte er dafür, dass die Insel eine zentrale Gedenkstätte für die Opfer des Weißen Terrors bekam, ausgestattet mit dem von Cheng Tzu-tsai entworfenen Monument. Anderslautenden Bekundungen zum Trotz hegte der Presbyterianer Lee nämlich durchaus Sympathien für die Unabhängigkeitsbewegung. Als das herauskam, war der Sohn des Generalissimus allerdings bereits tot, gestorben an Herzversagen ein halbes Jahr nach der Aufhebung des Kriegsrechts.

Wenige Potentaten überleben das Ende ihrer Machtfülle lange. Wenn Sie mich fragen, geht das in Ordnung. Wichtiger ist, dass das überlebt, was die beiden Chiangs so lange nicht zulassen wollten und was heute ein anderer Potentat zu gern zerstören würde: Taiwans lebendige, kämpferische, viele Menschen in ganz Asien inspirierende Demokratie.

Epilog mit Blick auf die Zukunft

Mitte März wird es warm in Taiwan. Vor Kurzem ist noch einmal eine Kaltfront über die Insel gezogen, mit Temperaturen unter fünfzehn Grad, was hier so selten vorkommt, dass der Wetterbericht älteren Mitbürgern jedes Mal empfiehlt, möglichst nicht das Haus zu verlassen. Zu Silvester waren es in Taipei gar nur acht Grad, und das Straßenbild erinnerte an Lillehammer: Alle trugen dicke Daunenjacken, Schals und Wollmützen, selbst Hunde wurden in eigens für sie entworfene Schutzkleidung gehüllt. Das taiwanische Konzept von Winter wirkt auf Mitteleuropäer zwangsläufig bizarr, aber umgekehrt spricht hier bei 25 Grad auch niemand von sommerlichen Temperaturen.

Nun also stellt sich ein Vorgefühl von Frühling ein. In den Subtropen ist das keine besonders markante Jahreszeit, im Park vor unserem Haus tragen die Bäume sowieso ganzjährig grüne Blätter, trotzdem erfüllt mich freudige Erwartung: Am 21. März 2021, fast auf den Tag genau ein Jahr nach der offiziellen Registrierung, wollen Jo-chiao und ich unsere Ehe noch einmal auf landesübliche Art feiern, nämlich mit einem großen Hochzeitsbankett. Wir rechnen mit über zweihundert Gästen – für hiesige Verhältnisse ein durchschnittlicher Wert –, von denen ich nur einen Bruchteil kennen werde, denn aus Deutschland kann leider niemand anreisen. Für Touristen sind die Grenzen weiterhin dicht, in Europa ist die Coronakrise immer noch nicht vorbei, die ersehnte Rückkehr zur Normalität vollzieht sich quälend langsam. Hier hingegen gab es in jüngster Zeit lediglich zwei kurze Schreckensmomente: An Weihnachten infizierte sich ein unvorsichtiger Pilot der Fluggesellschaft EVA Air und gab das Virus an zwei Stewardessen sowie seine taiwanische Geliebte weiter. Letzteres war nach exakt 253 Tagen der erste Fall einer im Land erfolgten Ansteckung, der für gewaltige Empörung sorgte – zusätzlich gesteigert durch die Tatsache, dass der Mann aus Neuseeland kam, das seinerzeit aussah wie Taiwans einziger echter Konkurrent im Kampf um die Corona-Weltmeisterschaft. Die befürchtete Ansteckungswelle blieb zunächst aber noch aus. Auch der Ausbruch in einem Krankenhaus in Taoyuan kurz vor dem chinesischen Neujahrsfest, bei dem sich zum ersten Mal ein Arzt infizierte und prompt weiteres Pflegepersonal ansteckte, konnte schnell wieder eingedämmt werden. Trotzdem wurden die Internationale Buchmesse Taipei und andere Großveranstaltungen vorsichtshalber abgesagt, einige Tage lang haben wir sogar gebangt, ob unsere Hochzeit wie geplant würde stattfinden können.

Man mag diese Vorsicht überzogen finden, aber genau in ihr gründete über lange Zeit der Erfolg des hiesigen Krisenmanagements. In den ersten fünfzehn Monaten der globalen Krise haben sich weniger als tausend Taiwaner mit Covid-19 infiziert – und nur ein Zehntel davon im Inland! –, zehn sind am Virus gestorben; im weltweiten Vergleich wirken diese Zahlen unglaublich, aber sie stimmen. Ebenso intensiv wie erfolglos hat die Opposition das Land nach unterschlagenen Infektionsfällen durchsucht.

Als Zwischenbilanz gilt es daher festzuhalten, dass 2020 für Taiwan ein gutes Jahr war. Zwar haben einzelne Branchen, vor allem der Tourismus, unter den Maßnahmen gelitten, aber insgesamt ist die Wirtschaft moderat gewachsen, und das nationale Selbstbewusstsein hat einen regelrechten Sprung gemacht. Wer bei internationalen Sportwettkämpfen unter der demütigenden Bezeichnung »Chinese Taipei« antreten muss und bei vielen Hotelbuchungen im Ausland seine Nationalität nicht angeben kann, weil das System »Taiwan« nicht kennt, neigt diesbezüglich kaum zu einer breiten Brust. In der Krise allerdings wurde den Menschen bewusst, dass sie in einem effizient verwalteten Gemeinwesen leben, das seine Bürgerinnen und Bürger deutlich besser schützt als sonst ehrfürchtig bewunderte Länder wie die USA oder Deutschland. Den Satz »Ich bin froh, in Taiwan zu leben« habe ich nie so häufig gehört (oder gesagt) wie in den letzten Monaten. Dass die Zustimmungswerte für die Regierung stabil auf Rekordhöhe liegen, versteht sich beinahe von selbst.

Der Blick in die Zukunft ist trotzdem nicht ungetrübt. Auch in deutschen Medien sind zuletzt vermehrt Artikel erschienen, die vor einer wachsenden Kriegsgefahr in der Taiwanstraße warnen. Dabei wird meist zutreffend die chinesische Entschlossenheit geschildert, die Taiwan-Frage notfalls mit kriegerischen Mitteln zu lösen, aber die vielen Faktoren, die einem Militärschlag entgegenstehen, kommen bisweilen zu kurz. Den kühleren Köpfen in der chinesischen Führung ist nämlich durchaus bewusst, dass eine Invasion mit unkalkulierbaren Risiken verbunden wäre und ein Scheitern sogar das Ende der kommunistischen Herrschaft herbeiführen könnte. Inseln gehören naturgemäß zu den am schwierigsten zu erobernden Territorien, was für Taiwan mit seinen steilen

Küsten und dem gewaltigen Zentralmassiv in besonderer Weise gilt. Zudem ist das Land dem großen Nachbarn zwar militärisch weit unterlegen, aber keineswegs wehrlos. In einigen Aspekten, wie etwa der Kriegsführung mit U-Booten, gilt Chinas Volksbefreiungsarmee als rückständig, und kampferprobt ist sie ohnehin nicht. Der letzte größere Einsatz richtete sich 1989 in Peking gegen unbewaffnete Studierende.

Die alles entscheidende Frage lautet: Was tun die USA? Diese Frage stellt sich nicht erst, wenn man den Kriegsfall betrachtet, sondern bereits mit Hinblick auf Möglichkeiten, einen Waffengang zu verhindern – woran Washington allergrößtes Interesse hat. Es mag nicht auf den ersten Blick ersichtlich sein, aber für Amerika geht es in Taiwan keineswegs nur um Taiwan, sondern letztlich um die Frage, wer im 21. Jahrhundert die wichtigste Ordnungsmacht im pazifischen Raum sein wird. In der Kette der amerikanischen Verbündeten, die Chinas Zugriff auf den Pazifik beschränken, nimmt die Insel einen wichtigen Platz ein. Fiele sie an den Rivalen, wäre das für Korea, Japan und andere benachbarte Staaten ein Signal, dass Washington auch sie nicht zu schützen vermag. Es würde die Kräfteverhältnisse in der Region und damit in der Welt nachhaltig verändern – ein wahrhaft epochaler Einschnitt, den keine amerikanische Regierung zulassen kann.

In Taiwan gibt es den Ausdruck *huguo shenshan*, die beiden »das Land beschützenden göttlichen Berge«. Der eine Schutzpatron ist das eben angesprochene Zentralmassiv, das für jeden Eindringling ein schwer zu überwindendes Hindernis darstellt. Der andere ist etwas flacher und heißt TSMC. Nie gehört? Die Abkürzung steht für Taiwan Semiconductor Manufacturing Company, einen der weltweit führenden – Experten sagen sogar: mit großem Abstand führenden – Hersteller von Halbleiterprodukten. Ganz oben auf dessen

Kundenliste steht Apple, ohne TSMC gäbe es unter anderem kein iPhone 12, aber auch die amerikanische Rüstungsindustrie verwendet die Chips des Konzerns, der kürzlich zwölf Milliarden Dollar in den Bau einer neuen Produktionsanlage in Arizona gesteckt hat. Halbleiterchips sind bekanntlich *die* Schlüsseltechnologie des 21. Jahrhunderts, entscheidend für alles von der Handy- und Computerproduktion über künstliche Intelligenz bis hin zu selbstfahrenden Autos und sich selbst steuernden Waffensystemen. China, das nur fünfzehn Prozent seines Bedarfs an Halbleitern durch die technologisch weit hinterherhinkende eigene Produktion decken kann, bemüht sich seit Jahren darum, Techniker und Ingenieure von TSMC abzuwerben.

Die vielfachen Verflechtungen des Konzerns sowohl mit der amerikanischen wie der chinesischen Wirtschaft darzustellen bin ich nicht in der Lage, also mache ich es einfach: Die USA können nicht zulassen, dass TSMC unter die Kontrolle Pekings gerät, die Auswirkungen wären verheerend. Wenn wir das mit den obigen geopolitischen Aspekten zusammendenken, ergibt sich folgende Einsicht: Zwar *wollen* die USA natürlich keinen Krieg mit China, aber dass Taiwan dem chinesischen Orbit einverleibt wird, *können* sie nicht dulden, also *müssen* sie es mit allen Mitteln verhindern. Konkret: Sie müssen China zu der Einsicht zwingen, dass es unter Einbeziehung aller Faktoren nicht im eigenen Interesse ist, Taiwan anzugreifen, weil der politische und ökonomische Schaden zu groß wäre. Das wiederum lässt sich nur durch eine breite, den entsprechenden Druck ausübende internationale Allianz bewerkstelligen, also genau durch die politische Arbeit, die in den vergangenen vier Jahren im Trump'schen Twitter-Gewitter untergegangen ist. Ich vermute, dass die neue US-Regierung ihre Ziele zugleich leiser und strategisch planvoller verfolgen wird. Die EU und insbesondere

Deutschland dürften sich dringlicher werdenden Forderungen ausgesetzt sehen, ihre von Handelsinteressen dominierte, allzu China-freundliche Politik zu ändern.

Gebannt wäre die Kriegsgefahr damit freilich noch nicht. Je mehr Macht Xi Jinping in seiner Hand konzentriert und je mehr die innere Diskussion in den Führungszirkeln der Partei durch Akklamation ersetzt wird, desto anfälliger wird das politische System der Volksrepublik für irrationale Entscheidungen. Einige Beobachter glauben schon jetzt, dass die aggressive Politik gegenüber Taiwan China mehr schadet als nützt, aber dazu sind zwei Dinge zu beachten: Erstens ist die »Befreiung Taiwans« – das heißt, aus der Sicht des Regimes gesprochen: die Wiederherstellung der territorialen Souveränität Chinas – ein so hohes Gut, dass man dafür zwar nicht jeden, aber doch einen sehr hohen Preis zu zahlen bereit wäre. Zweitens ist ein großer Teil der Aggression rhetorischer Natur und dient der Selbstdarstellung nach innen. Keine chinesische Führung kann es sich erlauben, gegenüber Taiwan »weich« aufzutreten, damit würde sie in den Augen vieler Bürger und vor allem des Militärs ihre Legitimität verlieren. Das könnte allerdings dazu führen, dass sich die Regierung eines Tages gezwungen sieht, die eigenen Drohungen wahr zu machen, um ihre Glaubwürdigkeit nicht zu verlieren. Für Staaten, die immer nur brüllen, aber nie zubeißen, hat schließlich schon Mao Zedong den Ausdruck »Papiertiger« geprägt.

Was aus alldem folgt? Das weiß ich nicht. Das Leben in Taiwan wird spannend bleiben, so viel wage ich vorherzusagen. Auch in Zukunft werde ich gelegentlich nachts wach liegen und mich fragen, wie lange Jo-chiao und ich noch auf der Insel leben können und was wir tun, sollte das eines Tages nicht mehr möglich sein. Mir macht das aufs Neue bewusst, welch privilegierte, aber historisch gesehen höchst ungewöhnliche Situation ich mir aufgrund meiner Herkunft angewöhnt habe, für selbstverständlich zu halten: eine, in der Krieg keine reale Gefahr darstellt. In Taiwan gilt das nicht. Als wir den Veranstaltungsort für unsere Hochzeit gebucht haben, waren im Vertrag eine Reihe von Gründen aufgelistet, unter denen wir die Feier ohne zusätzliche Gebühren verschieben können – einer lautete »Ausbruch militärischer Feindseligkeiten«.

Danach sieht es im Moment nicht aus. In wenigen Tagen werde ich neben meiner Frau auf einer Bühne stehen und nervös sein, weil ich vor zweihundert Gästen eine chinesische Rede halten muss. Die ersten Sätze habe ich mir vorgenommen, auf Taiwanisch zu sagen, obwohl ich die Sprache nicht beherrsche; als Geste und in der Hoffnung auf tosenden Applaus. Um der Veranstaltung ein gewisses teutonisches Flair zu verleihen, werden Jo-chiao und ich außerdem einen Baumstamm durchsägen. Diese Sitte kennt man hier nicht, aber auf die Begeisterungsfähigkeit der Taiwaner ist bei solchen Dingen Verlass. Ein seit vielen Jahren in Taipei ansässiger deutscher Freund hat sich dankenswerterweise bereit erklärt, die notwendigen Utensilien aufzutreiben. Gar nicht so leicht, wie er mir berichtete, wer sägt heute noch ohne Strom? Deutsche Eiche war leider nicht zu bekommen, wir werden uns an einem heimischen Kampferholz abarbeiten, das hinsichtlich seines Symbolgehalts und seiner Härte konkurrenzfähig ist.

Keine Frage, meine Wurzeln in Taiwan sind in jüngster Zeit noch einmal tiefer geworden. Das Gefühl von Zäsur, das ich vor einem Jahr im Verwaltungsamt Songshan vermisst habe, will sich zwar weiterhin nicht einstellen, trotzdem verschiebt sich etwas. Schleichend. Die Arbeit an der vorliegenden *Gebrauchsanweisung* – wie auch am zeitgleich entstandenen und nun ebenfalls fertigen Roman *Pflaumenregen* – war nicht nur von dem Wunsch motiviert, anderen von der faszinierenden Geschichte der schönen Insel zu erzählen, ich wollte sie auch selbst besser verstehen. Über die Kolonialzeit beispielsweise wusste ich vorher fast nichts. Jetzt ist die Arbeit beendet, der Wunsch hat sich erfüllt und besteht trotzdem unverändert fort. In Menschen wie in Orte verliebt man sich eben nicht ohne Folgen. Ich habe Taiwan schon einige Male verlassen und bin jedes Mal wieder zurückgekehrt – vielleicht wird es allmählich Zeit für den Entschluss, zu bleiben.

Postskriptum: Und dann erwischt es Taiwan doch

Eigentlich war die Arbeit an diesem Buch längst beendet. Ich wartete nur noch auf die Zusendung des gesetzten Manuskripts, um es ein letztes Mal durchzusehen und sicherzustellen, dass sich bei etwaigen Worttrennungen chinesischer Ausdrücke keine Fehler eingeschlichen hatten. Mehr blieb nicht zu tun. Dann, Ende April, kamen in Taiwan erneut Meldungen über Piloten auf, die sich im Ausland mit Covid-19 angesteckt hatten. Es wirkte wie eine Wiederholung der Ereignisse von Weihnachten, nur dass es diesmal die andere staatliche Fluggesellschaft betraf, China Airlines (nicht zu verwechseln mit der tatsächlich chinesischen Air China). Für die Versorgung der Bevölkerung wie für die taiwanische Wirtschaft ist der Luftfrachtverkehr unerlässlich, deshalb waren die Quarantäne-Bestimmungen für Piloten zuletzt deutlich gelockert worden. Nur noch drei Tage mussten sie nach jedem Auslandsflug in einem eigens eingerichteten Quarantäne-Hotel verbringen, allerdings bestanden strenge Auflagen, sich auch nach Ablauf der Frist von größeren Menschenansammlungen fernzuhalten, nicht in Restaurants zu essen und so weiter.

Das ging einigen offenbar zu weit. Taiwanische Medien berichteten von Einkaufstouren, Familienfeiern und heimlichen Treffen mit der Geliebten (Letzteres in der Regel kein Fall von großen Menschenansammlungen, aber so erzeugt man Aufmerksamkeit).

Mich beunruhigten die Meldungen zunächst nicht, zu groß war mein Vertrauen in das Krisenmanagement der Regierung. Drei Tage nach unserer sehr schönen Hochzeitsfeier – meine Rede kam ausgesprochen gut an, und die Sache mit dem Baumstamm war sowieso ein Triumph – hatte ich die Insel verlassen, um erstmals nach über einem Jahr meine Familie in Deutschland wiederzusehen, außerdem wollte ich die ständige Aufenthaltserlaubnis beantragen, die mir als Ehemann einer taiwanischen Staatsbürgerin zusteht. Dazu muss man bei der taiwanischen Vertretung im Heimatland eine Menge mehrfach gestempelter Unterlagen einreichen und bekommt im Erfolgsfall ein drei Monate gültiges Einreisevisum, das man vor Ort in das sogenannte Alien Residence Certificate (ARC) umwandeln kann: die offizielle Erlaubnis für uns Außerirdische, in Taiwan terrestrisch sesshaft zu werden.

Das war der Plan.

Über die Umtriebe des taiwanischen Flugpersonals hielt mich Jo-chiao auf dem Laufenden. Pauschal einen ganzen Berufsstand zu verunglimpfen liegt mir zwar fern, aber mit Piloten scheint es wirklich ein Problem zu geben. Wahrscheinlich sind im Cockpit so viele Regeln zu beachten, dass man sich zum Ausgleich am Boden eine gewisse Unbekümmertheit gönnen muss. Zudem waren einige Flugkapitäne über Wochen hinweg entweder in der Luft oder in Quarantäne, was den Wunsch nach Abwechslung verständlich macht, und im Übrigen ging es keineswegs nur um sie; auch im Management des Quarantäne-Hotels scheinen Vorschriften missachtet worden zu sein, vor allem hinsichtlich der Trennung von Quarantäne-Gästen und normalem Hotelbetrieb. Zu Letzterem gehörten natürlich auch Hochzeiten und andere gesellige Veranstaltungen … Das Virus ließ sich nicht zweimal bitten.

Erst wurden zwölf Piloten plus ein paar Hotelangestellte und Gäste positiv getestet, dann infizierten sich in Windeseile Partner und Angehörige, und schließlich machte auch Taiwan Bekanntschaft mit dem bei uns hinlänglich bekannten Phänomen des Superspreaders.

Darf ich vorstellen: der König der Löwen. So nennt die gesamte Insel seit Kurzem den namentlich nicht bekannten Vorsitzenden eines Lions-Clubs irgendwo in der dicht besiedelten Umgebung von Taipei. Die Lions sind weltweit als sozial engagierte Wohltäter bekannt, in meiner oberhessischen Heimat verkaufen sie alljährlich Waffeln auf dem Weihnachtsmarkt und spenden den »Millionenerlös« hinterher öffentlichkeitswirksam für einen guten Zweck. Taiwans König der Löwen allerdings wollte nicht bis zum Advent warten, also verübte er seine Wohltaten schon am Muttertag, und zwar in gewissen Etablissements des Bezirks Wanhua, die man euphemistisch als »Teehäuser« bezeichnet. Man kann dort nämlich auch Tee trinken. Für echte Löwen ist die Palette des Angebots aber natürlich breiter.

Weit über ein Jahr hatte Taiwan gebraucht, um die Gesamtzahl von eintausend Infektionen zu erreichen. Eine Woche nach Muttertag kamen rund fünfhundert neue Fälle hinzu – täglich. Der Umschlag passierte so schnell, dass die überforderten Behörden einen erheblichen Teil der Ansteckungen nicht zurückverfolgen konnten, schon gar nicht in einem Umfeld wie in Wanhua. Man kann sich das leicht ausmalen:

Wenn offizielle Stellen im Palast nachfragen, ob seine Majestät vielleicht geruht haben, »Tee zu trinken«, hören sie zunächst ein royal empörtes Nein. Tee mundet uns nicht. Die Etablissements ihrerseits sind auch nicht erpicht darauf, den hohen Besuch zu verpetzen, lieber schicken Betreiber ihre weiblichen Angestellten in andere Städte, wo die Behörden sie erst wieder auffinden, nachdem sich weitere Kunden angesteckt haben. Wären die Folgen nicht so dramatisch, hätte das Ganze die Züge einer abgedroschenen Komödie. Frisch gestärkt vom Ausflug nach Wanhua, hatte der König am Muttertag auch noch eine Hochzeitsgesellschaft mit seiner Anwesenheit geadelt, und wie ich ihn einschätze, saß er dort nicht die ganze Zeit am Rand. Zwanzig Infektionen konnte man später direkt auf ihn zurückführen.

Immerhin, die Mutter war nicht darunter.

»Pass auf, das könnte dich noch betreffen«, warnte Jo-chiao bei einem unserer sonntäglichen Gespräche über Skype. Sie wollte damit nicht andeuten, ich könnte zwischen unserer Hochzeitsfeier und meiner Abreise noch schnell einen Tee getrunken haben (die dreitägigen Flitterwochen hatten wir in der Echo Villa in Hualian verbracht). Gemeint war vielmehr die Tatsache, dass ich für die bevorstehende Rückreise wie immer China Airlines gebucht hatte. Die Fluggesellschaft war gerade dabei, ihr gesamtes Kabinenpersonal zurückzurufen, um es in Taiwan zu isolieren und zu testen und ihm nötigenfalls die Leviten zu lesen. Flugausfälle waren die unvermeidliche Folge. Zum ersten Mal doch beunruhigt, zog ich meinen Rückflug um eine Woche vor, aber es war bereits zu spät. Angesichts der explodierenden Fallzahlen verkündete der taiwanische Krisenstab am 17. Mai einen Einreisestopp für alle, die weder einen taiwanischen Pass noch eine ARC besitzen.

Ausgesperrt, kurz vor dem Erhalt des begehrten Dokuments! Mit einer Taiwanerin verheiratet zu sein und ein gültiges Einreisevisum zu besitzen nützte mir gar nichts. Auch meine bereits erfolgte Impfung machte keinen Unterschied. So schnell kann es gehen: Den Epilog dieses Buches habe ich jüngst mit dem Entschluss beendet, meine Wahlheimat künftig nicht mehr dauerhaft zu verlassen, nun sitze ich in meinem Elternhaus in Biedenkopf, ohne zu wissen, wann ich nach Taiwan zurückkehren kann. Sicher scheint bereits, dass der Einreisestopp länger in Kraft sein wird, als mein Einreisevisum gültig ist. Wahrscheinlich werde ich es komplett neu beantragen müssen, bloß wann? Das kann mir vorläufig niemand sagen, zu unübersichtlich ist die Lage.

Anfang Juni übersteigen die Fallzahlen die Schwelle von zehntausend, 260 Menschen sind in Taiwan an Covid-19 gestorben. Galt lange Zeit, dass nur rund ein Zehntel der Ansteckungen im Inland erfolgt war, sind es nun um die neunzig Prozent. Verglichen mit der Situation in anderen Ländern wirkt das Geschehen keineswegs dramatisch, trotzdem sind die Folgen erheblich. Was ich im Epilog über den gewachsenen Zusammenhalt der taiwanischen Gesellschaft und über den Stolz auf die gemeinsame Anstrengung angesichts der Krise geschrieben habe, wirkt wenige Wochen später wie eine Erzählung aus besseren Zeiten. Plötzlich werden die alten Grabenkämpfe mit neuer Wucht geführt; nachdem die Opposition über ein Jahr lang auf verlorenem Posten stand, nutzt sie jetzt jede Möglichkeit, die Regierung zu attackieren. Manchmal schwingt eine klammheimliche Freude darüber mit, dass der Gegner endlich gepatzt hat. Die Zustimmungswerte von Präsidentin Tsai Ing-wen sind auf den niedrigsten Stand seit 21 Monaten gesunken.

Um das Geschehen abschließend beurteilen zu können, ist es noch zu früh. Gegen Flugkapitäne, die sich nicht an Vorschriften halten, oder die Umtriebe domestizierter Raubtiere kann eine Regierung wenig tun. Eine andere Frage lautet, ob die Quarantäne-Vorschriften für Piloten ohnehin zu lax waren und man es angesichts des lange Zeit so erfolgreichen Krisenmanagements versäumt hat, sich auf den Notfall vorzubereiten. Dass die Testkapazitäten nicht ausreichten, um zeitnah ein klares Bild des Infektionsgeschehens zu gewinnen, lässt sich kaum bestreiten. Opfer des eigenen Erfolgs sei Taiwan, urteilen auch internationale Medien, die im innenpolitischen Streit neutral sind. Weil Plan A so gut funktioniert habe, sei Plan B vernachlässigt worden. Das mag durchaus sein, aber nicht alle Probleme sind hausgemacht. Das größte besteht derzeit darin, dass Taiwan kaum an Impfstoff kommt, was viel mit der politischen Isolation des Landes zu tun hat. Ein mit dem deutschen Unternehmen BioNTech ausgehandelter Deal scheiterte dem Vernehmen nach daran, dass dort bereits ein exklusiver Vertrag mit einer chinesischen Firma bestand, welche das begehrte Vakzin exklusiv in »Groß-China« verteilt – dazu gehört nach Pekinger Lesart auch Taiwan, aber die Regierung in Taipei will sich im Kampf gegen das Virus nicht abhängig machen vom feindlichen Nachbarn, und ein großer Teil der Bevölkerung würde einem in China entwickelten oder von dort gelieferten Impfstoff ohnehin nicht vertrauen. Den entsprechenden Import, den die Opposition vehement fordert, lehnt die Regierung strikt ab. Dass sich auch in dieser Streitfrage die bekannten politischen Lager gegenüberstehen, wird keinen Kenner des Landes überraschen.

Andere Vakzine sind bisher nur in geringen Mengen nach Taiwan gelangt, und sogar das geschah aus Angst vor chinesischen Störmanövern unter größter Geheimhaltung. Öffentliche Unterstützung kommt vor allem aus Japan und den USA. Vielleicht nicht zufällig am 4. Juni, dem Jahrestag des

Massakers auf dem Tian'anmen-Platz, schenkte Japan der Insel 1,2 Millionen Impfdosen und verwies zur Begründung auf die gewaltige Spendenbereitschaft der Taiwaner nach dem Reaktorunglück von Fukushima. Die USA kündigten tags darauf ihrerseits Hilfslieferungen an, was ebenfalls ein Signal in Richtung Peking gewesen sein dürfte. In Taiwan freut man sich über solche Gesten, aber der Umfang der Hilfe reicht bei Weitem nicht aus.

Wie geht es kurzfristig weiter? Vorläufig gilt im ganzen Land die Corona-Warnstufe 3: Alle Schülerinnen und Schüler lernen zu Hause vor dem Bildschirm, der Spielbetrieb der nationalen Baseballliga ist ausgesetzt, größere Veranstaltungen dürfen nicht stattfinden, auch Kinos und Fitnessclubs bleiben bis auf Weiteres geschlossen. Private Zusammenkünfte in Innenräumen werden auf vier Personen beschränkt. Viele – aber nach Meinung von Kritikern immer noch zu wenige – Betriebe sind zum Homeoffice übergegangen, Restaurants verkaufen ausschließlich zum Mitnehmen. Jo-chiao berichtet, die Straßen in Taipei seien deutlich leerer als sonst. Unsere liebste Weinbar hat gleich ganz aufgegeben.

Auf mich, der ich in Deutschland festsitze, wirkt die Situation paradox: Während Taiwan das öffentliche Leben zurückfährt, kehrt bei uns allmählich die Normalität zurück, obwohl die Zahlen hier weiterhin höher sind (wenn auch nicht mehr viel höher). Von Anfang an hat Taiwans Regierung das Virus nicht als eine Art Grippe betrachtet, die es einzudämmen gilt, sondern als tödliche Seuche, die ausgerottet werden muss. Solange aber erst drei Prozent der Bevölkerung geimpft sind, geht das, wenn überhaupt, nur mit radikalen Maßnahmen. Ehepartnern taiwanischer Staatsbürger mit gültigem Visum die Einreise zu verweigern halte ich für einen völlig überzogenen Schritt, der zum taiwanischen Ansatz leider dazugehört.

Bisher gehen die Zahlen trotzdem nicht signifikant zurück, aber ich vermute, dass es in den kommenden Wochen gelingen wird, den jüngsten Ausbruch einzufangen. Wie viele Menschen bis dahin erkrankt oder sogar gestorben sein werden – letztere Marke liegt Ende Juni bereits bei über sechshundert – und welche Verwerfungen dieses Leid innerhalb der Gesellschaft hervorruft, ist freilich noch nicht abzusehen. Für den Sommer sind größere Lieferungen von Impfstoffen angekündigt, bald soll auch die Eigenproduktion beginnen, die sich derzeit in der Testphase befindet. Alle hoffen auf schnelle Abhilfe.

Wie es wirklich gekommen ist, werden Sie besser wissen, wenn Sie dieses Buch in Händen halten. Einer ungewissen Zukunft blicken wir alle entgegen, das war schon vor der Pandemie so, aber an manchen Orten gilt es eben noch mehr als anderswo. Vor ein paar Tagen hat Jo-chiao Oma Mazu gefragt, ob wir uns bald wiedersehen werden. Da derzeit auch die Tempel geschlossen sind, musste sie es zu Hause mit unzureichender divinatorischer Ausrüstung tun, was die Antwort möglicherweise beeinflusst hat. Besonders ermutigend war sie ohnehin nicht.

Oma Mazu hat gelacht.

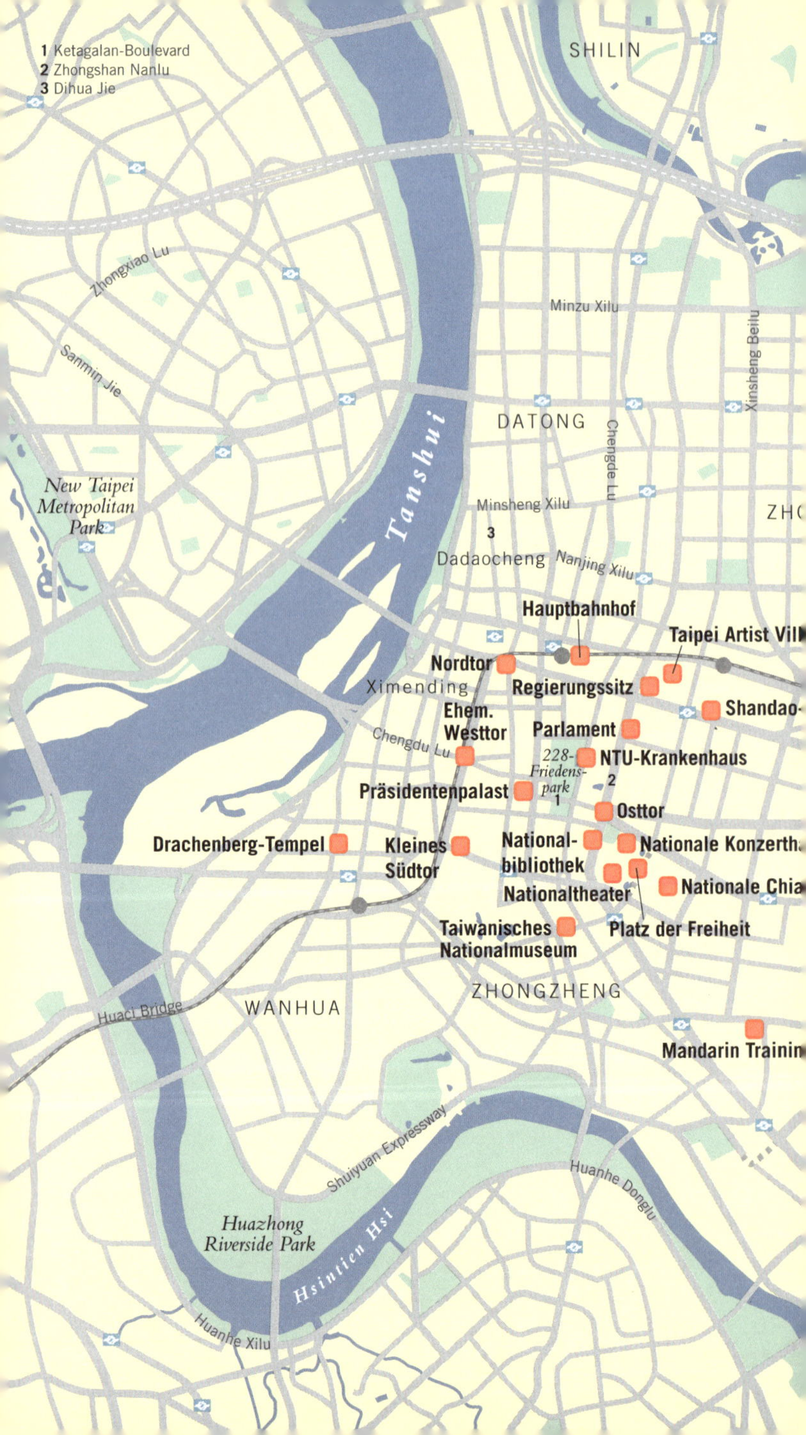

1 Ketagalan-Boulevard
2 Zhongshan Nanlu
3 Dihua Jie
SHILIN
Zhongxiao Lu
Minzu Xilu
Xinsheng Beilu
Sanmin Jie
DATONG
Chengde Lu
Tanshui
New Taipei Metropolitan Park
Minsheng Xilu
ZHO
3
Dadaocheng
Nanjing Xilu
Hauptbahnhof
Taipei Artist Vil
Nordtor
Ximending
Regierungssitz
Shandao-
Ehem. Westtor
Parlament
Chengdu Lu
228-Friedens-park
NTU-Krankenhaus
2
Präsidentenpalast
1
Osttor
Drachenberg-Tempel
Kleines Südtor
National-bibliothek
Nationale Konzerth
Nationaltheater
Nationale Chia
Taiwanisches Nationalmuseum
Platz der Freiheit
ZHONGZHENG
WANHUA
Huaci Bridge
Mandarin Trainin
Shuiyuan Expressway
Huanhe Donglu
Huazhong Riverside Park
Hsintien Hsi
Huanhe Xilu